象們的中國

我们的中国

李 零

生活·读书·新知 三联书店

Copyright © 2016 by SDX Joint Publishing Company.
All Rights Reserved.

本作品版权由生活·读书·新知三联书店所有。
未经许可，不得翻印。

图书在版编目（CIP）数据

我们的中国／李零著. —北京：生活·读书·新知三联书店，2016.6 （2024.5 重印）
ISBN 978－7－108－05557－6

Ⅰ．①我…　Ⅱ．①李…　Ⅲ．①人文地理学－中国
Ⅳ．① K901

中国版本图书馆 CIP 数据核字（2015）第 239395 号

函关古道（任超 摄）

——— 第四编 ———

思想地图

中国地理的大视野

目次

- 1　自序
- 7　中国古代地理的大视野
- 23　说早期地图的方向
- 35　禹步探原
  　　——从"大禹治水"想起的
- 47　三代考古的历史断想
  　　——从最近发表的上博楚简《容成氏》、燹公盨和虞逑诸器想到的
- 75　先秦诸子的思想地图
  　　——读钱穆《先秦诸子系年》
- 107　岳镇海渎考
  　　——中国古代的山川祭祀
- 151　登泰山，小天下
- 159　避暑山庄和甘泉宫
- 177　中国城市
- 187　地理也有思想史
  　　——读《从混沌到秩序》
- 199　革命笔记
  　　——从中国地理看中国革命

自 序

人不可能涉于同一条河流,这是老生常谈。每当我们一步步走进历史,我们也就在一步步退出历史。年纪越大,感觉越强烈。

《老子》说,为学日益,为道日损。我们学得越多,才越需要提炼。有人以为,基础学科就是谁离开我都不行,我离开谁都行,一切都靠积沙成塔,一切都靠归纳法。这是光讲前四个字。

历史拼图,仰赖考古,没错,但你真的以为,历史可以全部挖出来吗?我们的知识永远漏洞百出,已知总是比不了未知。古文字,对象更具体,道理一样。

人老了,精力不济了,单枪匹马,以全求大,那是自不量力。你就是课题费一大把,指挥千军万马,照样没用。以小搏大,只能靠为道日损,学得越多越要损。

我的最后一个集子偏重地理思想,我叫"思想地图"。地图是让人用眼睛看的,一山一水、一城一邑,很具体,这样的东西也有思想吗?思想也可以用地图来表现吗?这是个有趣的问题。

小时候,玩具蛊惑好奇心,让我忍不住把它拆开来,一探究竟。然而拆开的零件散落一地,却怎么也装不回去。Puzzle是一种智力游戏。地理学家怎么把自古及今无数人在大地行走的知识拼成一幅完整的地图,这可不是容易事。

地理也有思想史。

历史总是被不断简化。好的可能说得更好,坏的可能说得更坏。

有美化，也有丑化，让有科学训练的历史学家很不满意。历史学家说，这类历史叙事是一种人为建构，要解构，要重构，细节复原，宁繁勿简。

前些年，我介绍过一场"学术科索沃"的讨论。贝格利教授的"解构永恒中国"说给我留下深刻印象。

今年是马年，有两个故事跟马有关，立意正好相反。

一个故事是九方皋相马，不辨牝牡骊黄。故事说的是，秦穆公有个相马专家叫伯乐。伯乐老了，穆公问他，你能不能找个中意的孩子来接班。他说，我的孩子都不成器，我只能告他们一般的好马长什么样，却没法告他们"天下之马"长什么样。我有个朋友叫九方皋，他的本事比我大。穆公把九方皋请来，他也太不像话，居然连牝牡骊黄都分不清，穆公当然不悦。伯乐解释说，这正是他比我高明的地方。"若皋之所见，天机也，得其精而忘其粗，在其内而忘其外。见其所见，不见其所不见。视其所视，而遗其所不视。"他的道理是，千里马就是千里马，关键是跑得快，这跟牝牡骊黄没关系。他只关心马之良驽，而不是性别与毛色。您还别说，九方皋发现的沙丘之马，牵来一看，果然是千里马。

另一个故事是公孙龙与孔穿的辩论。公孙龙以"白马非马论"著称，他说"白马为非马者，言白所以名色，言马所以名形也，色非形，形非色，今合以为物非也"，其言甚辩，于理则非。他的逻辑是，马是共名，包括各种颜色的马，但白马不等于黄马、黑马，更不等于马。这就像你到马圈挑白马，如果马圈里只有黑马，没有白马，当然也就没有你要挑的所谓马。总之，天下只有白马、黄马、黑马，没有抽象的马。公孙龙是赵国人。当年，他跟孔子的后代孔穿在赵平原君家辩论。孔穿说,"素闻先生高谊,愿为弟子久,但不取先生以白马为非马耳,请去此术,则穿请为弟子"。公孙龙说,这我就没法办了。我之所以出名,全靠此术,你说你愿拜我为师,却要我先放弃此术,这岂不是说,你要先来教我,然后再当我的学生,世上有这个道理吗。孔穿无言以对。

九方皋为了追求他心中的"天下之马",宁肯忽略马的毛色。公孙龙为了解构抽象意义上的马,却把马的毛色看得无比重要。

汉学家,也许应该说某些汉学家吧,因为笼统的汉学家,据说并不存在,他们对中国的理解真有意思。

夏根本没有,只是中国人喜欢讲的故事。

商周是瑞士奶酪,一小片,本来就不大,还满是窟窿。

中国人是什么?

定义:只有说Chinese的人才是Chinese。而Chinese language只等于汉语,只有汉族才说汉语。

推论:不说汉语的地区不属于中国。

举例:三星堆人会说安阳话吗?肯定不会说。所以三星堆不属于商。同样道理,中国不包括四大边疆。

结论:中国人说的中国都是虚构,国家主义的虚构,今后只有朝代史,没有中国史。所谓中国史,其实是个混沌。

《庄子·应帝王》讲过一个故事,跟解构有关:

> 南海之帝为儵,北海之帝为忽,中央之帝为混沌。儵与忽时相与

遇于混沌之地，混沌待之甚善。倏与忽谋报混沌之德，曰："人皆有七窍，以视听食息，此独无有，尝试凿之。"日凿一窍，七日而混沌死。

倏、忽者，瞬息万变也。混沌者，一成不变也。倏、忽南来北往，经常在混沌的地盘上碰面，受到混沌的热情款待。混沌是个大肉球，没鼻子没眼睛，没耳朵没嘴巴，让倏、忽好生着急。他们的回报，无异好心的谋杀。

大必专制，小必民主，这是古典偏见，也是现实偏见。

古人说，天下大势，分久必合，合久必分。中国如此，世界如此。西洋史，分，希腊是典型；合，罗马是典型。

古典时代，地中海沿岸有上千个城邦，到处都是这种由渔村放大的小国。柏拉图说，这些城邦好像水塘边围一圈蛤蟆（《斐多篇》），很形象。但蛤蟆再多，长得全不一样，也得有个共名吧？这个共名叫希腊。

罗马帝国，块头很大，跟秦汉相似。他们也修长城。欧洲也有过大地域国家。

中世纪，罗马帝国解体，好像五胡十六国，书不同文，车不同轨，一直到现在都合不起来。他们自豪的自治传统，其实是以这种分裂局面为背景。中世纪，欧洲四分五裂，只能靠基督教统一欧洲。这种精神大一统难道就不专制吗？

近代欧洲殖民世界，他们碰到的全是历史悠久的大国。小国治大国，怎么治，全靠横切竖割，分而治之。中东北非，很多国家的边界都跟刀切的一样。

民主解构专制，这是现实版。

他们说，所有大帝国都应解体，所有落后国家的民族主义诉求，都是一种"想象的共同体"，哪怕左翼思想家都绕不出这个圈子。

过去，法国有个漫画很形象，中国是块大披萨，所有列强围坐一圈，手拿刀叉，正把它切开来吃。列强说，所有大帝国都必须解体。解到什么份上才合适？谁也不知道。从理论上讲，只有分到一国一族、一语一教才合适。

两次大战，冷战和后冷战，世界被反复解构，反复重构，没完没了。

解构不仅是理论问题。

中国是个多民族国家，历史上如此，现在也如此。王明珂说，"中国民族"与"中国少数民族"是什么，学者有两种解释模式——"历史实体论"与"近代建构论"（《羌在汉藏之间》前言）。他更倾向后者。因为近代建构，所以才要解构。

其实，中国的任何民族，无论汉族，还是少数民族，其内部都是千差万别，历史上都是千变万化，认同与识别，不仅现在复杂，从来都复杂。

中国这么大，这么复杂，当然值得做深入细致的研究。但是，"解构永恒中国"并不能取消历史的中国和中国的历史，这就像白马黑马，你分得再细，它也还是马。

传统中国真的就是从周代城邦到编户齐民，从民主走向专制吗？

现代中国真的就是抛弃历史，完全按现代民族国家的身段量体裁衣重新订制吗？

予虽鲁钝，不敢同也。

2014 年 11 月 9 日写于北京蓝旗营寓所

汉汝阴侯墓出土式盘（复制）

中国古代地理的大视野

中国早期的地理观念,直观性和整体性很强,给我留下深刻印象,这里以"大视野"三字概之,讲一点粗浅体会。

(一) 天地相应的概念

《易·系辞下》:"仰则观象于天,俯则观法于地。"这个"俯"和"仰"关系很大。古人观天,直观印象是天作球形旋转;而察地,直观印象是地作平面延伸。前者同后者相切,只有半个球面可以让立在地面上的人看到。所以他们把天看作覆碗,比喻成车盖或穹庐;地看作方板,比喻成车厢或棋盘,叫"天覆地载",所以"地"也叫"舆地","地图"也叫"舆图"(参《淮南子·原道》)。中国古代的天论(即宇宙模式)有所谓"三家"或"六家",但早期真正流行的是"盖天说"。"盖天说"的"天"和"地"有一定矛盾,前者圆隆,后者方平,两相扣合,四角不掩,但古人仍按投影关系把二者整合在同一坐标系内。例如古人模仿"盖天说"做成的占卜工具——六壬式就是把天地做成磨盘的样子:圆形的天盘是扣在方形的地盘上,沿着固定的轴旋转,二者有对应的干支和星宿(出土古式天盘多作圆饼状,但上海博物馆藏六朝铜式的天盘是隆起的)。[1]特

---

[1] 参看拙作《中国方术考》,北京:人民中国出版社,1993年,82—166页。

别是《淮南子》的《原道》和《天文》还把天宇和地面同样按九宫格来划分,称前者为"九天",后者为"九野"。《天文》的"天有九野,地有九州"是抄《吕氏春秋·有始览》。它以"九天"和"九野"相套,表示星野的概念,但并不是说"九天"等于"九野",连方圆的差异都可忽略不计。过去,我读《孙子·形》,不懂它讲的"九天""九地"是什么意思,以为是九重天、九层地,后来才明白,它就是《淮南子》讲的"九天"、"九野",其实是平面概念。同样,遁甲式的"九天"、"九地"也是这个意思。[1] 二者是对应安排。古人讲地理虽可自成体系,但认识背景是天文,东西靠昼观日影,南北靠夜观极星。他们是在"天"的背景底下讲"地",所以"地"的总称是"天下"。

(二) 四方和极至的概念

古人讲天、地、人"三才",人是介于天、地之间。但天是神的世界,地是人的世界。人与地比人与天关系更密切。古人讲地理,从来都是人文地理。凡与"人"有关的活动(如农业、土木工程和军事)多与"地"有关。例如古代兵家有个传统,为将者要上知天文(明习式法、风角等术),下知地理。可是古代战争主要是在地面上进行,"地"的重要性自然比"天"大。《孙子·计》讲庙算有"五事七计","天"、"地"皆在其中,但书中讲"天"没有专篇,讲"地"则有《行军》《地形》《九地》三篇,占了很大篇幅。它所说的"地者,高下、广陕(狭)、远近、险易、死生也"(此据银雀山竹简本,今本无"高下"),其中除"死生"是兵家特有的概念,其他都是一般地理学所常用。"远近"是长度,"广狭"是宽度,"高下"和"险易"是高度和倾斜度。

如果撇开"天"不谈,光说"地"。我们首先要注意的一个问题是,

---

[1] 参看拙作《〈孙子〉古本研究》,北京:北京大学出版社,1995年,306—310页。

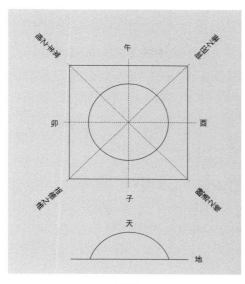
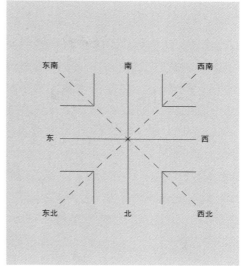

盖天图　　　　　　　　　　　　　二绳四钩

这个地是由两条射线穿越观察点作十字交叉，向四个方向作平面延伸（没有曲率）。这两条射线，古人叫"二绳"；四个方向，古人叫"四方"（方有旁、侧之义）。与"四方"的概念配套，古人还把"四方"之间的平分线叫"四维"（"维"也是绳索之义），并把"四方"代表的方向叫"四正"，"四维"代表的方向叫"四隅"（"隅"是夹角之义），由此构成米字形的"四方八位"（现在也叫"四面八方"）。"四方八位"在世界上是一种普遍概念，不仅中国有，西方也有。例如美国西雅图的街道名往往就是按"四方八位"来标识，即以它的市中心（downtown）为中宫，把周围分成东、东南、南、西南、西、西北、北、东北八块，组成一个九宫图。中国古代讲"四方"，最典型的图式是"二绳四钩"。[1] "四正"是由子午

---

[1] 法国学者马克（Marc Kalinowski）的《马王堆帛书〈刑德〉试探》(《华学》第1期，广州：中山大学出版社，1995年，82—110页）把这种图叫"钩绳图"。

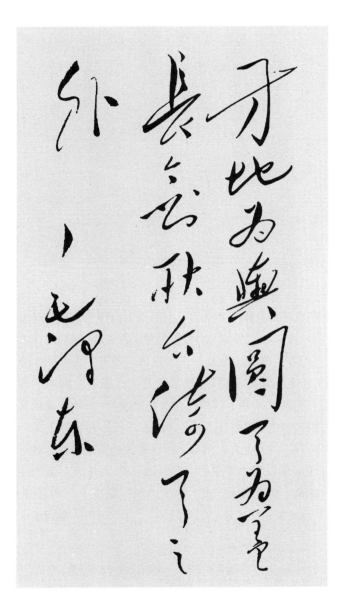

毛泽东书宋玉《大言赋》

毛泽东《念奴娇·昆仑》:"安得倚天抽宝剑,把汝裁为三截。"典出宋玉《大言赋》。《大言赋》:"楚襄王与唐勒、景差、宋玉游于阳云之台。王曰:'能为寡人大言者上座。'……至宋玉,曰:'方地为车(一作舆),圆天为盖,长剑耿介,倚天之外。'……"(《古文苑》卷二)前两句是说地像车厢,天像车厢上的伞盖,后两句是说北斗倚天,有如剑锋。式盘,上为天盘,下为地盘,天盘正中有北斗,巡行二十八宿,就是模仿这种宇宙模式。

（南北向）和卯酉（东西向）"二绳"来表示，"四隅"是由"四钩"，即东北、东南、西南、西北四个夹角来表示。

与"四方"的概念有关，古人还有许多与"四"字有关的地理概念，如"四郊"、"四野"、"四国"、"四土"、"四望"、"四陲"、"四封"、"四裔"、"四海"、"四荒"等等。这类概念的四个方向都是以观察者的眼睛所在为中心。古人把观察者的眼睛所在视为一种"极"（端的意思），而把他由近及远望出去的眼界范围视为另一种"极"，称为"四极"，所以"四位"同时也是"五位"，"八位"同时也是"九位"。这种"极"跟电视上讲李乐诗登"三极"（南极、北极、珠峰）的"极"不同，完全是平面上的"极"。古人用以表示视野范围，除"四极"之外还有一个词是"四至"。例如《左传》僖公四年讲"齐太公之命"，就是用"四至"表示征伐范围，西周铜器铭文讲土地诉讼也是用"四至"表示田界范围。这种"四至"虽然总是讲"东至于某，西至于某，南至于某，北至于某"，强调的是"四正"，但实际上却常常是用立于"四隅"的"四封"（封土堆）来标识。也就是说是用四个角来卡定四条边。

（三）九宫和空间的概念

古人为什么要讲"天圆地方"？这个问题很值得研究。因为虽然"天圆"比较直观，但"地方"却不一定。人看到的地平线其实也是圆的，并没折角。从道理上讲，由二绳、四钩标志的地平面，我们既可以把它画成方形，也可以把它画成圆形。画成圆形，可与天图密合，没有四角不掩的问题，本来更直观也更方便，但古人为什么还要把它理解成方形呢？我想这大概与视野的表现形式有关。熟悉绘画的人都知道，我们的视野可以用焦点透视，也可以用散点透视。比如中国的山水画就有散点透视的传统。我们观天，因为是仰观，视野比较开阔，焦点透视比较方便；但察地可就不一样了，你立在地面上看，必然看不远，看见的只是一小片，大面积的观察，如果不借助于抽象，只能一小片一小片往起拼，采用散点透视。焦点透视，只有一个十字坐标，视野是辐射状的圆图，其远近距离和层次感是用同心圆，大圆圈套小圆圈来表现，而面积分割也是像切蛋糕那样，作扇形分割，这在实际使用上是不大方便的。而散点透视就不一样，一个十字坐标可以变成很多十字坐标，很多十字坐标也可以变成一个十字坐标，便于分割，便于拼接，也便于计算。它的特点是化线为块，化圆为方。中

东南	南	西南
东	中	西
东北	北	西北

国古代的方块图形是从上面讲过的十字图或米字图发展而来。比如十字图用块图代替线图是"四方"加"中央"的五位图，米字图用块图代替线图是"八位"加"中央"的九宫图。后者包含前者，就是一种很典型的图。例如邹衍的"大小九州"，小九州是九宫图，大九州也是九宫图，内外都是九。还有《周礼》等古书讲到的里制，它是以方里为基础。古人说的方里和井田是一回事，它是由一井九顷之地构成的一个九宫图，但方里以上有两种拼联法，一种是按四进制，也就是所谓井、邑、丘、甸、县、都的制度；还有一种是十进制（即方1里等于1×1平方里，方10里等于10×10平方里，等等），则是所谓井、通、成、终、同、封、畿的制度。[1] 还有古书中的国野制和畿服制，古人也习惯于把它想象成大方块套小方块，而不是同心圆。所有这些考虑都是以"计里画方"（语出胡渭《禹贡锥指》）为基础，局部是"方"，整体也是"方"。它对土地面积的测量、计算都很方便。例如《九章算术》头一章就是讲"方田"，它是以"方田术"作基础来研究其他形状的田，如"圭田"（等边三角形）、"邪田"（直角三角形）、"箕田"（梯形）、"圆田"（圆形）、"宛田"（球冠形）、"弧田"（弓形）、

---

[1] 参看拙作《中国古代居民组织的两大类型及其不同来源》，《文史》第28辑，59—75页、《西周金文中的土地制度》，《学人》第2辑，南京：江苏文艺出版社，224—256页。

"环田"（圆环形），有一整套化圆为方的计算方法。方形比圆形好计算，那是十分显然的。中国古代的地面设计，不但田是方的，房子是方的，城郭是方的，计算土地面积的单位是方的，而且用以绘制地图的网格也是方的（参裴秀"制图六体"）。所以也就难怪古人要把地平面想象成一个大方块。

（四）山海的概念

《山海经》把地平面划分为"山"、"海"两大类，"海外"包"海内"，"海内"包"山"，"大荒"和"海外"意思相同。有人以为"山"就是指山地，"海"就是指海洋，其实并不准确。

因为第一，古人所说的"海"初义并不是"海洋"之"海"（即《说文》称为"天池"的那种"海"）。在古书中，"海"训晦（《释名·释水》、《广雅·释水》），本来是指"昏晦无所睹"（《尚书·考灵曜》）、"荒晦绝远之地"（《荀子·王制》注），引申为"海洋"之"海"，只是因为古人观海，极目远眺，空阔无边，正是这样的荒远之地。例如楚帛书"山川四海"就是把"海"写成"晦"，《山海经·海外南经》"四海之内"，《淮南子·地形》引作"四极之内"。齐楚召陵之役，楚成王说"君处北海，寡人处南海"（《左传》僖公四年），《尔雅·释地》以四方蛮夷戎狄之地为"四海"，这些"海"就不是我们现在说的"海"。同样，《山海经》的"海"，细读原书可知，也不是我们现在说的"海"，而只是表示荒远之地的概念。"海洋"之"海"，即百川所归之"海"，古人多称为"沧海"或"瀛海"，"沧"以象其色（字通"苍"），"瀛"以状其大。例如邹衍讲"大小九州"，环绕"小九州"有"裨海"（小海），环绕"大九州"有"大瀛海"（大海），就是这样的"海"。当然，古人所说的"海"，既有亲眼所见，也有推导而得。例如齐威、宣、燕昭和秦皇、汉武派人入海求仙的"海"主要是今天的渤海或黄海、日本海这一带，而孙权派人入海求亶洲、夷洲的"海"则是今天的东海或南海一带，再晚如法显、郑和等人的航海则更远，还包括南至马来群岛，西抵非洲东岸的广大海域。但中国早期文献讲的"海"主要是环绕中国大陆东部和南部的"海"，对其他两面的"海"毫无所知。邹衍设想的四面环绕大陆的"大瀛海"，西、北两面都是按对称原理推出来的。

第二，古人所说的"山"也不简单就是山地，而是有两重含义。一是与"海"（"海洋"的"海"）相对，代表大陆，就像古人把蓬莱、方丈、瀛洲三岛叫"三神山"，是指高出海面的陆地部分。二是与"水"（河流）相对，像日月星辰代表"天"之"文"，它也是代表"地"之"理"。古人讲"地理"（重点是内陆），主要是两条，一条是"山"，一条是"水"，《禹贡》主水（《河渠书》、《沟洫志》、《水经注》亦侧重于水），《山海经》主山，但讲"山"必及于"水"，讲"水"也必及于"山"。二者互为表里，不仅可以反映地形的平面分布，也涉及其立体的"高下"和"险易"。古人对"地"的认识虽然主要是平面概念，地表以下，他们因打井和采矿才略有涉及，知道的只是"黄泉"一类地下水和各种矿物，对地壳的构造不能深入了解。但地形分类的概念，古人还是很重视。例如《管子·地员》和《尔雅》的《释地》、《释丘》、《释山》、《释水》等篇就对高山、丘陵、原隰和川谷做了详细分类，"山"者概其高，"水"者括其下，是一种提纲挈领的东西。另外，像《淮南子·天文》说"昔者共工与颛顼争为帝，怒而触不周之山，天柱折，地维绝。天倾西北，故日月星辰移焉；地不满东南，故水潦尘埃归焉"，还以神话形式生动表达出他们对中国大陆的总体印象（西北高而东南低，河水多东流注海）。

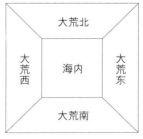

《山海经》示意图

(五) 九州的概念

"九州"是古代华夏民族对中国大陆的"核心部分",即其活动范围的一种板块划分。这种划分有双重考虑,一是按山水走向把它划分为九个不同的自然地理单元,二是按职贡朝服把它划分为九个不同的行政区划。"州"字,《说文》的解释是"水中可居曰州。水周绕其旁,从重川。昔尧遭洪水,民居水中高土,故曰九州",《禹贡》讲大禹治水有所谓"导九河","九州"就是配对于"九河"。这样的"九州"应与九宫图式的设计有关,但要把上述两种考虑纳入同一体系,并且严格按九宫图来划分,实际做不到,只能看作寓含这类设计的一种弹性网格。在古书中真正按九宫图划分"九州"的只有《淮南子·地形》,这种"九州",名称与《禹贡》不同,如果上应天星,则与"九野"的概念相同。

古人说的"九州"也叫"禹迹",所谓"芒芒(茫茫)禹迹,画为九州"(《左传》襄公四年魏绛引《虞人之箴》)。"禹迹"这个词,古书极为常见,不仅商人的后代追述其族源要说自己的祖先是住在"禹迹"(《诗·商颂·长发》),周人的后代也一样(《诗·大雅·文王有声》、《书·立政》和《逸周书·商誓》)。特别是春秋时期的铜器铭文如秦公簋和叔弓镈也分别提到"禹迹"和"九州",早为王国维所注意。他说:"举此二器,知春秋之世东西二大国〔案:指齐、秦〕无不信禹为古之帝王,且先汤而有天下也",批评疑古派"乃并尧、舜、禹之人物而亦疑之"在方法上有问题。[1]

"禹迹"或"九州",有出土发现为证,不仅绝不是战国才有的概念,可以上溯于春秋时代,而且还藉商、周二族的史诗和书传可以上溯到更早,显然是一种"三代"相承的地理概念。这种地理概念是一种有弹性的

---

[1] 王国维《古史新证》第一、二章,收入《古史辨》,上海:上海古籍出版社,1982年,第一册,264—267页。

概念，虽然夏、商、周或齐、秦等国，它们的活动中心或活动范围很不一样，但它们都说自己是住在"禹迹"，这点很值得注意。它说明"九州"的大小和界划并不重要。并且从古文字材料，我们已经知道，古书所说的"雅"字，比如《诗经》中《大雅》、《小雅》的"雅"，本来都是写成"夏"。[1] 可见"夏"不仅是一种地域狭小、为时短暂的国族之名，而且还成为后继类似地域集团在文化上加以认同的典范，同时代表着典雅和正统（雅可训正），与代表"野蛮"的"夷"这个概念形成对照，为古代"文明"的代名词。春秋时代，中原诸夏强调"尊王攘夷"，使"夷夏"的概念更加深入人心。在这方面，秦是一个好例子。这个国家，不但其贵族本来和山东境内或淮水流域的夷人是一家，而且族众也是西戎土著，一直到战国中期的秦孝公时仍很落后，"僻在雍州，不与中国之会盟，夷翟视之"（《史记·秦本纪》），但有趣的是，就连他们也是以"夏"自居。证据有二，一是上面提到的秦公簋，二是睡虎地秦简《法律答问》。后者涉及秦的归化制度（即现在的移民法），规定秦的原住民叫"夏"，归化民叫"真"，只有母亲是秦人，孩子才算"夏子"，如果母亲不是秦人或出生于外国则只能叫"真"不能叫"夏"。所以"九州"不仅是一种地理概念，也是一种文化概念。

（六）中轴线的概念

这个问题主要与城市规划有关。古代城邑聚落的分布，本来是一种自然发展的过程，往往都是沿山川道路的走向作点线延伸，初疏而后密；城市本身的规划，也不见得都是事先设计好的，完全像《考工记》所述，九经九纬十二门，四四方方，整整齐齐。但在古人的心目中，这种非尽人

---

[1] 古书"夏"字和"雅"字通假的例子很多，如《荀子·荣辱》"譬之越人安越，楚人安楚，君子安雅"，同书《儒效》有类似语句，作"居楚而楚，居越而越，居夏而夏"，《左传》中齐国的公孙灶字"子雅"，《韩非子·外储说右上》作"子夏"。

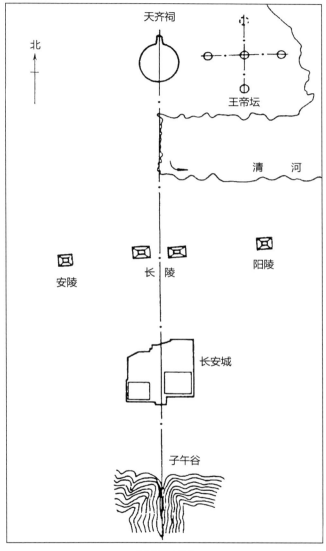

汉长安城中轴线

为、不尽整齐的背后还是有四方、九宫一类的考虑隐为其枢。中轴线的概念就是这种考虑的体现。

中轴线，从表面看也就是确定城市基址的一条南北线，即"二绳"中的子午线，但实际上却是代表整个城市坐标的一个"大十字"。只不过它是先把南北基线定下来，才在这条基线上截取一点（可能偏北偏南，不一定正好是平分点），作为城市中心，在那里建宫城一类中心建筑。古人重"面背"胜于"左右"，所以总是先南北（即"面背"）而后东西（即"左右"）〔案：中国古代常以面南背北、左东右西为正〕。中国现代城市有时是以一个十字形大街为中心向外拓展，把这种大街叫"大十字"，如西宁（甚至很多

中国古代地理的大视野　17

小村子，比如我的家乡，都有这样的中心，也叫"十字"）。古代城市也有类似设计，但不一定有明显的卯酉线，即穿越中心点的东西大道。现在讲中轴线，大家都拿北京当范例。北京的中轴线是起正阳门或永定门，穿天安门和故宫，直抵鼓楼。最近发表的材料还表明，汉长安城也有一条大中轴线，穿越长安城，向南向北延伸，南起子午谷，北抵天齐祠，全长74公里。据研究者推测，它甚至可能与更大范围的空间坐标有关。[1] 可见这类设计早已有之。《书·召诰》讲周公营建洛邑，有"相宅"、"卜宅"和"攻位"等程序，我怀疑，书中的"攻位"就是属于确定基线。

古代的国都规划体现的是"四方之极"（《诗·商颂·殷武》），[2] "四方之极"的"极"也就是东、西、南、北、中的"中"。古人认为国都（古代叫"国"）同时也是国土（古代叫"邦"）之"中"，外面不仅有四郊、四野，还有四土、四方，本身就是一个"大十字"的中点。例如《史记·周本纪》讲周公营建洛邑，他曾说"此天下之中，四方入贡道里均"（犹西语所谓"条条大路通罗马"）；出土西周铜器何尊的铭文也说，早在周人克商之初，武王就已打算营建洛邑，说是"余其宅兹中国，自之乂民"〔案：古代"邦"是国家，"国"是首都，汉以来改"邦"为"国"造成混乱，但"中国"是本来的叫法。它不是"中央国家"的意思，而只是"中心城市"的意思，和"天下之中"是同义语〕。可见在古人看来，这种中轴线，它所代表的不仅是城市本身的坐标，也是整个国土的坐标，城里边的"大十字"同时也是城外边的"大十字"。

（七）古代帝王的"周行天下"

上面说的"地理大视野"，并不是闭门造车，而是结合实地考察、地

---

[1] 秦建明、张在明、杨政《陕西发现以汉长安城为中心的西汉南北向超长建筑基线》，《文物》1995年3期，4—15页。
[2] 参看唐晓峰、齐慕实《〈四方之极〉一书简介》，《中国历史研究动态》1984年2期，27—30页。

志记录和舆图绘制，靠人"跑"出来的。我们在上面讲过，它不是通过一个点来认识，而是通过很多点来认识。人们是带着眼睛到处跑或集合很多人的眼睛，才拼出全景。中国古代的旅行，最简单的一种是靠步履，如相传大禹治水就是靠步行。他的步法很特别，据说因为"三过家门而不入"，过于辛苦和劳累，造成"四肢不用家大乱"（见马王堆帛书《养生方》），不但性功能出了障碍，而且走起路来像个瘸子。后世的方士还专门学他这种步法，叫"禹步"或"步罡"。他脚丫子走过的地方，也像好莱坞影星踩下的脚印，金贵得很，上面已经提到，是叫"禹迹"。还有是靠车马舟楫，例如《穆天子传》讲周穆王驾八骏，北绝流沙，西登昆仑，就是靠车马；而齐威、宣以来的航海则是靠舟楫。据出土发现，至少商代已有车马，秦代已有大船。所以无论陆地还是海洋，古人都能走得很远。

古代旅行，很可注意的是帝王的旅行。这样的"周行天下"，从穆王西游、昭王南征，到秦皇、汉武的巡游，以至于乾隆下江南等等，都不是兜风解闷寻开心，而是和国土控御有关。中国的"大一统"很有传统，在行政效率不足的古代，控制广大地面得有特殊办法，君王视察是重要一着。他们的巡狩不光是"检查工作"，还往往登名山、涉大川，在山头水边祭祀，叫"望祭"。比如《山海经》里面的那些祭祀（用牲牢圭璧沉埋等等）就是属于"望祭"。而"望祭"中，祭山比祭水更重要。名山是国土"四望"中的制高点，可以让人有一种"登临出世"、"与天齐一"的感觉。古人把在名山上筑坛祭天和在名山下除地祭地叫"封禅"，《史记》的《封禅书》就是以讲这类活动为主，并包括比五岳封禅范围更大的海外寻仙，以及比五岳封禅范围更小的郊祀。海外寻仙，不光是求仙访药，还是为了发现"新大陆"或"新边疆"（这等于那时的"地理大发现"或登月探险），从李少君的话可知，其实是扩大了的封禅。这是最大的一圈，其次一圈是五岳封禅，再次一圈是郊祀。古代的海外寻仙有三次浪潮，第一次是战国中期以来齐、燕等国的寻仙，第二次是秦始皇时代的寻仙，第三次是汉武帝时代的寻仙。汉武帝以后，这种海外寻仙才开始衰落，到孙权派人寻仙已是尾声。李白说"海客谈瀛洲，烟涛微茫信难求。越人语天姥，云霓明灭或可睹"（《梦游天姥吟留别》），"五岳寻仙不辞远，一生好入名山游"（《庐山谣寄卢侍御虚舟》），魏晋以来，人们对入海求仙已失去信心，觉得虚无缥缈，不如"山"来得近便，所以大家一股脑全改入山求仙。比如葛洪的《抱朴子》就是老讲入山的各种要领，如何避鬼魅，如何防虎狼，如何忍饥渴等等。汉代的郊祀很有意思，本来的郊祀，比如载籍所谓的先秦古制只是在城郊附近祭祀，但汉武帝时，他的地盘太大，首都也跟着膨胀，长安城外的三辅比现在连郊区县在内的整个北京市还大，他祭天（太一）要西北行，爬黄土高坡，去今陕西淳化县的甘泉宫，祭地（后土）要东渡黄河到今山西万荣县的汾阴后土祠，祭五帝和陈宝要西行到今陕西凤翔、宝鸡一带，活动半径将近200公里。汉武帝死后，皇帝都懒了，于是不断有人倡议恢复古制，停止这种远距离的郊祀。结果时罢时复，直到汉平帝时才由王莽建议彻底废除。从此不但海外寻仙不再吃香，五岳封禅少有人跑，就连原来的郊祀范围也被大大缩小，最后只剩下类似明清天、地坛的那种郊祀，古代帝王"周行天下"的精神早已荡然无存〔案：每个朝代只有盛世的皇帝才爱到处乱跑〕。

(八) 绝域之行

古代长距离、大范围的旅行，除帝王外，还有帝王派出的使者、贸易商旅和求法僧人（和尚比道士跑得远），远远超出国土之外。中国古代的域外探险范围很大，过去大家习惯说中国人的特点就是喜欢封闭，吃亏就吃亏在不航海。这个印象本身就是一个"海外奇谈"。其实，至少在地理大发现以前，我们的域外探险还是很发达。比如《穆天子传》，即使作战国文献看，眼界已经很广，后来张骞、班超、法显、玄奘等人也跑过很多地方，几乎整个亚洲大陆都被穿行，西边已接近南欧。而航海，我们也起步很早,战国时代已很发达,它的范围不仅包括现在的整个中国海域,早就到达朝鲜、琉球、台湾一带,而且还向南到达马来群岛、东南亚、印度和非洲东岸,除好望角以西,中国海以东,还有南边的大洋洲,也是该去的地方都去了。眼界范围包括一大洲两大洋,一点也不比同时的西方逊色。[1]

(九)中国古代地理思维中的模式化倾向

从上述(一)至(六)条,我们不难看出,中国古代的地理思维有一种倾向,这就是它总喜欢把事实上边缘很不整齐、内部差异很大的东西塞进一种方方正正,具有几何对称性的图案之中。这很容易使人感觉好像削足适履,勉强得很。但我理解,古人的头脑还不至如此简单,连真实的东西和模式化的东西都分不清。实际上,他们的做法只是想用一种抽象的东西来化简差异,控制变化,使其直观性和整体性能够统一起来。所以尽管古人在心里揣着不少理想设计,但在实际操作上还是该怎么办就怎么办,并不会把二者等同起来。

总之一句话,中国人不仅会"跑"而且会"想"。

1995 年 10 月 10 日写于北京蓟门里

补记:

汉长安城大体位于渭水流域中段,正好在北上榆林、南下安康的交通要道上,秦建明等学者所说"陕西发现以汉长城为中心的西汉南北向超长建筑基线"与城市选址有关,恐怕还不是城市布局的中轴线。

(原载《九州》第一辑,北京:中国环境科学出版社,1997 年)

---

[1] 参看中国科学院自然科学史研究所地学史组《中国古代地理学史》,北京:科学出版社,1984 年,第十章"边疆和域外地理的考察研究";章巽《我国古代的海上交通》,北京:商务印书馆,1986 年。

马王堆地图：上南下北

说早期地图的方向

一

古人用图画表现空间概念，总是离不开方向。天图有天图的方向，地图有地图的方向，山陵原野，江河湖海，城郭宫室，田亩葬地，凡有空间概念要用图来表达，差不多都有方向问题。

方向的问题表面上是外在于人，有固定标准，但实际上却是随观察者的眼睛随时变化。"天"的方向是相对于"地"，"地"的方向是相对于"人"。"人"仰观俯察而有"上下"，面向背对而有"前后"，"左右"也是以双手而定。"南北东西"虽然是固定的，画在图上，好像与人无关，但这个图怎么摆，是"上南下北"还是"上北下南"，"上东下西"还是"上西下东"，这和"人"还是分不开（比如"北"字本身就是表示人背对的方向，"败北"也是指掉转头朝背对的方向逃跑）。[1]

---

[1] "东"字，《说文解字》引官溥说谓"从木在日中"，一般学者都认为是表示日之所出。"西"字，《说文解字》以为象日落之后鸟栖于巢，或体作"栖"（原从木从妻）。但从古文字材料看，"西"字并非鸟巢的象形字，而是"妻"字所从，象女子束发之笄（西、妻、笄三字古音相近），用为方向乃是假借字。"南"字，《说文解字》以南方为夏位，当夏之时草木枝叶繁茂，称为"有枝任"。"任"是长养之义，南、任古音相近，也是用音训为说，但从古文字字形看，我们还不大明白南字的本义到底是什么意思。"北"字，《说文解字》以为象二人相背，实即"背"的本字。这四个字，东字和北字含义最明确，西字和南字大概是假借字。

古代的图，凡与"天"有关，即以星象表现或与星象有关的图，其方向都是相对于"地"，是像式盘表现的那样，地在下不动，天在上旋转。要讲"天"的方向，只能是"天"在某一时刻相对于"地"的方向。古人虽然昼观日影，夜观极星，用这类天象标志"地"的方向。但斗转星回，整个天宇相对于地面的位置并不固定，很难用静止的方向来表达，古人往往要把它表现为旋转状，寓动于静。例如曾侯乙墓出土的漆箱盖，画面中心为北斗，内圈是青龙白虎，头尾相接，作左旋排列；外圈是二十八宿，作右旋排列，就是一种旋转的图。整个图从哪个方向看都可以。还有楚帛书，其中心是上下颠倒的两篇文字，阅读时必须左旋或右旋；周边十二短章（分别讲一年十二月每个月的宜忌，每个短章各附该月值神）是按左旋排列，四隅神树则作右旋排列。这很明显也是按旋转的方式来设计。过去学者一定要讲它是"上北下南"或"上南下北"，争得不亦乐乎。后来我们从经纬线看，其画幅延伸和大家的想象全然不同，原来是按上春下秋、左冬右夏书写，如果一定要讲方向，反而是属于"上东下西"。[1]现已发现的早期星图（如洛阳卜千秋墓和西安交大壁画墓的星图）和从星图派生而被我们称之为"式图"（即式盘上的图式），[2]以及从"式图"派生而与"式图"相似的很多数术书的插图，其设计也多半如此。

古代的方向，严格讲起来，主要还是和"地"有关。这种学问，现在属地理学，但在古代却是和看风水的学问在一起，和相法的概念分不开。例如《汉书·艺文志·数术略》分六类，其最后一类叫"形法"，就是讲这类学问（其中包括《山海经》），它是以"大举九州之势以立城郭室舍，形人及六畜骨法之度数，器物之形容，以求其声气贵贱吉凶"为特点，所谓"九州之势"是山川形势，就是讲地理。城郭室舍的"形法"，人畜器

---

〔1〕李零《楚帛书的再认识》，《中国文化》第 10 期（1994 年 8 月），42—62 页。
〔2〕李零《中国方术考》，北京：人民中国出版社，1993 年，82—83 页。

物的"形法",和九州山川的"形法"是一个道理。这同我们现在的理解是不太一样的。

由于这些原因,研究古代地理,阅读古代地图,数术之书和数术之书的插图,有时也是必要的参考。

二

古代地图的方向,从可能性讲,本来应当有四种,即"上南下北"、"上北下南","上东下西"、"上西下东",或者再加上兼包四种的"旋转式",一共有五种。现代地图是以"上北下南"为正,这不完全是从西方传入。因为我国古代的地图,从碑图实物考察,唐代以来也是以"上北下南"为主流。过去一般都认为,我国的地图传统是以"上北下南"为特点,但后来地下出土了许多早期的地图和数术书的插图,情况并不如此。例如平山中山王墓出土的《兆域图》,马王堆汉墓出土的《地形图》、《驻军图》、《禹藏图》和《阴阳五形》的插图等等,它们就都是以"上南下北"为正。这使很多学者的思路来了个一百八十度,大家又转而相信,中国早期的地图是以"上南下北"为特点。[1]

中国古代方向有"上南下北"一说,严格讲,这并不是一个新发现。因为"上下"的概念一直是与"面背"有关。中国的建筑,无论房屋还是城郭,一向都是以面南背北即背阴向阳为正(这和我国所处纬度范围内的采光条件有关)。读西周册命金文,我们常常可以碰到王"各(格)于某庙或某室,南乡(向)",受命官员"入门,即立(位),立中廷,北乡(向)"一类话,古书也把天子端坐庙堂,南面听朝,叫"君人南面之术",

---

[1] 李零《中国方术考》,北京:人民中国出版社,1993年,125—130页。

而臣民朝见君王，脸要对着北面，则叫"北面事之"。这其实就是属于"上南下北"。同样，明清北京城，"前门"（正阳门）在南，"后门"（钟鼓楼一带）在北，左安门在东，右安门在西，方位概念也是一样（崇文门、文华殿在中轴线以东，宣武门、武英殿在中轴线以西，按"左文右武"的说法，也是属于"左东右西"）。

三

不过，尽管"上南下北"在古代一直是个很有影响的传统，很多战国秦汉时期的出土物也证实，早期地图确有不少都是采用这一方向，但是我们却不能认为这是早期地图的唯一方向；或中国地图的传统是前后两截，早期是"上南下北"，晚期是"上北下南"。在《中国方术考》中，我们曾举放马滩秦墓M1出土的古地图为例，说明情况也有例外（126—129页）。这件地图，据已故地图史专家曹婉如先生考证，就是以"上北下南"为正。[1]这里不妨再举几个例子，它们都是从数术书和数术类的文物中挑出来的：

（一）睡虎地秦简《日书》甲种和乙种的《视罗图》

睡虎地秦简《日书》中的图都是书的插图。这两幅图也是如此，它们都是《视罗》篇的插图。两图图式相同，但乙本比甲本更完整、更准确。乙本《视罗图》是用纵三横三六条线把一个方形分割为十六块（简206—218：贰），中间四格，外圈十二格，然后自内向外在各个空格内依次填注四时十二月。状如螺壳旋转。原书所说"视罗"也许就是指这种螺旋排列（"罗"可读为"螺"）：

---

[1] 曹婉如《有关天水放马滩秦墓出土地图的几个问题》，《文物》1989年12期，78—85页。

八月 酉		九月 戌	十月 亥
七月 申	三月 辰	二月 卯	
	四月 巳	正月 寅	二月 子
六月 未	五月 午	十二月	丑

1

《视罗图》（睡虎地秦简）：
1.甲本所附 2.乙本所附

（1）"正月"至"三月"（春三月）。属东方，从中间四格左下角的"寅"位开始，右旋至右上角的"辰"位，"东方"标在外圈左边四格的第二格（"十二月"后，"正月"前）。

（2）"四月"至"六月"（夏三月）。属南方，从中间四格左上角的"巳"位开始，依次进入外圈的"午"位，然后左旋至"未"位，"南方"标在外圈上边四格的第二格（"六月"后）。

（3）"七月"至"九月"（秋三月）。属西方，从"申"位开始，左旋至"戌"位，"西方"标在外圈右边四格的第二格（"八月"后）。

（4）"十月"至"十二月"。属北方，从"亥"位开始，左旋至"丑"位，"北方"标在外圈下边四格的第二格（"十月"后）。

对比乙本，我们不难发现，甲本《视罗图》（简83—90背）和它属于同样的图式。只不过甲本有省略和错误，一是漏画三条纵线的中间一条线（也有可能是画在两简之间，因在简边而泐损），二是相当于"东方"、"南方"、"西方"、"北方"的四格皆空白不书，三是"丑"位应与右边的空格互换。这两幅图，功用相同，形式相似，但方向并不一样，甲本作"上西下东"，乙本作"上南下北"。

（二）睡虎地秦简《日书》甲种的《置室门图》

这幅图是《直（置）室门》篇的插图，画面表现的是一个东西窄而南北长的大宅院，院子四面有很多门。篇题"直（置）室门"，"置"是安置之义，"室门"即图中之门，意思是按方位吉凶起盖或翻修"室门"。其阅读顺序，根据简文所述，是作：

（1）南面。有六座门，从右到左依次为：寡门、仓门、南门、辟门、大伍门、则光门。

（2）西面。有五座门，从下到上依次为：屈门、大吉门、失行门、云门、不周门。

（3）北面。有六座门，从左到右依次为：食过门、曲门、北门、雎（鹊）门、起门、徙门。

（4）东面。有五座门，从上到下依次为：刑门、获门、东门、货门、高门。

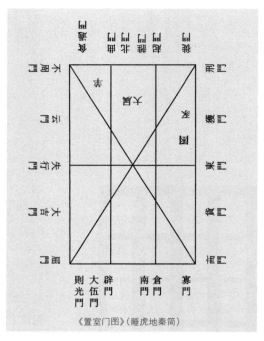

《置室门图》（睡虎地秦简）

院子里面，根据文字题记，北面是一大殿，大殿左后方是一羊圈，右面是一猪圈，猪圈前边是一圆形粮仓。其南北两面由两条纵线来分割，一条连接曲门与辟门，一条连接起门与仓门，北门在没有画出的子午线的西侧，南门在没有画出的子午线的东侧；东西两面由卯酉线来分割，西门叫"失行门"，就是由这条线与东门相连。另外，还有两条线是用来连接四隅。

图中的二十二门，吉凶宜忌，各有所主，应是起盖或翻修室门可供选择的方位，而不一定真有这么多的门。刘乐贤先生指出，"可以肯定这是一篇古代的相宅书，而且是专相门的"。[1] 传世相宅之书，如《黄帝宅经》，

---

[1] 刘乐贤《睡虎地秦简日书研究》，台北：文津出版社，1994年，151页。

其所附图式（除以八卦定位，几乎全同"式图"）往往是取"上南下北"之势，但此图北门在上（偏西），南门在下（偏东），东门在左（正西），西门（失行门）在右（正东），却是作"上北下南"。

（三）马王堆帛书《避兵图》和曹氏朱符中的"太一锋"

马王堆帛书《避兵图》是起避兵符作用的图画。画幅上方的"大"字人形，有文字题记为证，应即太一神；中间的四个神像是避兵之神，文字题记称为"武弟子"；下面三条龙，

《避兵图》（马王堆帛书）

一条是黄龙，一条是青龙，一条是黄首青身龙。我们认为，此图主题是"一神三龙"，它们就是《史记·封禅书》提到的"太一锋"。"大"字人形代表的是《史记·天官书》开头讲的"太一"，"三龙"则是《天官书》在"太一"后面讲的"前列直（值）斗口三星，随北端兑（锐），若见若不"的"天一"。[1] 据李学勤先生考证，同样主题也见于湖北荆门车桥出土的"兵避太岁"戈。[2]

在陕西户县朱家堡汉墓出土的解谪瓶上，我们也发现了性质相同的符书，形状如拉丁字母Y字形，并在Y字形的叉口内标注"大天一"三字，

---

[1] 李零《马王堆汉墓"神祇图"应属辟兵图》，《考古》1991年10期，940—942页；李零《湖北荆门"兵避太岁"戈》，《文物天地》1992年3期，22—25页；Li Ling, "An archaeological study of Taiyi (Grand One) worship," *Early Medieval China*, vol.2 (1995-1996), pp.1-39.

[2] 李学勤《"兵避太岁"戈新证》，《江汉考古》1991年2期，35—39页。

用指"大（太）一"和"天一"。王育成先生早已指出，这种用点线表现的符书，从符书的传统看应是代表星象，即《汉书·郊祀志》所说"一星在前，三星在后"的"太一锋"。[1]

比较《避兵图》和上述符书中的"太一锋"，我们不难发现，两者也是可以互证的同类之物，但前者是作倒Y字形，和后者正好相反。可见这样的符书并没有固定的方向。过去，有些学者以为这样的图是"上北下南"或"上南下北"，现在看来是求之过深。[2]

四

古代方向，追根溯源，都是以视觉角度而定。远的不说，光是我国境内的北方草原地区，就有不少这方面的例子。如《史记·匈奴列传》讲匈奴，除与中原相似的背北面南之俗，还有坐西朝东的习惯（如其"右方"在西，"左方"在东，"单于朝出营，拜日之始生，夕拜月。其坐，长左而北乡"）。其墓葬之序的排列，墓前石人、鹿石的面向，从出土发现看，也多半是朝东。还有与匈奴的传统有关，年代相当于唐代的古突厥碑铭也经常讲到其国土四至和邻国方位，如：[3]

（1）暾欲谷碑："英明的暾欲谷——裴罗莫贺达干同颉跌利施可汗一起，南边把中国人，东边把契丹人，北边把乌古斯人杀死了很多很多"（西6—7行），"我不知道到底有两千还是三千支军队东面来自契丹，南面来自中国，西面来自西突厥，北面来自乌古斯"（南7行），"……南边的

---

[1] 王育成《东汉道符释例》，《考古学报》1991年1期，45—56页。
[2] 参看李零《马王堆汉墓"神祇图"应属辟兵图》，以及李家浩《论〈太一避兵图〉》（收入《国学研究》第1卷，北京：北京大学出版社，1993年）文。
[3] 下面的译文是据林干《突厥史》，呼和浩特：内蒙古人民出版社，1988年，241—286页。

人民及西边、北边、东边的人民都来〔臣服〕了"(南10行)。

（2）阙特勤碑："前面（东面）到日出，右面（南面）到日中，后面（西面）到日落，左面（北面）到夜半，四至范围内的人民全都臣附于我"（南2行），"我曾前（东）征山东平原，几乎达到海〔滨〕。我曾右（南）征九姓焉耆，几乎达到吐蕃。并且后（西）征珍珠河外的铁门，左（北）征拔野古的领土"（南3行），"为了中国人的利益，他们曾征伐位于日出之方的莫离可汗的领土，并且西至于铁门"（东8行），"……北面对付乌古斯人民，东面对付契丹人和奚人，南面对付中国人……"（东28行）。

（3）毗伽可汗碑："我使见所未见、闻所未闻的〔意为无数的〕人民〔住在〕东到日出，南到（中国？），西到……"（北11行）。

（4）翁金碑："突厥人民〔曾征服过〕东到日出，西到日落，南到中国，北到山林……"（前2行）。

其方位概念是以"日出"之方即东方为前，"日落"之方即西方为后，"日中"之方即南方为右，"夜半"之方即北方为左，即以"上东下西，左北右南"为正。契丹在东，当其前；中国在南，当其右；西突厥在西，当其后；乌古斯在北，当其左。其方位概念正与匈奴的传统相合。[1]契丹系统的辽也是如此，其建筑往往都是坐西朝东。

五

古代方位概念的多样性不仅见于早期，晚期也如此。

例如唐晓峰先生在其考证梵蒂冈收藏的一幅中国清代长城图时就已发

---

[1] 据汉文《阙特勤碑》"被（彼）君长者，本□□□裔也，首自中国，雄飞北荒，来朝甘泉，愿保光禄，则恩好之深旧矣"，唐人是以突厥为匈奴之苗裔。

现，这幅地图有两个特点，一是其"图面基本是上南下北，但因长城总是横贯画面，故宁夏一段约为上东下西"（即采取了化曲为直的近似画法）；二是其观图方向"好像是站在塞外向塞内看"，画面于城外夷人"衣服状貌风俗生活"描写极为详尽，而城内则全无一人。他说"这在为数不少的九边长城图中很是罕见。不过从《事林广记》北宋东京城图，自城外向城内看的画法，以及《西域水道记》的上南下北的方向来看，方向问题在古人做图时本不是严格的"。[1]

还有，近来李孝聪先生也讨论过中国古代地图方向的"灵活性"。[2] 他指出"中国地图采用不同的方位，是中国制图工匠从使用目的出发的方位观"。例如他以中国传统的海图为例，讲到完全相反的两种方位。一种以长卷式《郑和航海图》或《七省沿海图》为代表，地图的具体方位从不固定，是随图卷展开，不断变换，但不管方向怎么变，陆地总在画卷上方（类似上述长城图的画法），因为船在海上，是取自海观陆之势。另一种是沿海各省区的海防军事营汛图，因为重在海防，则多取自陆观海之势。"前者似主要服务于沿海岸航行的船只，后者则用于在陆地驻防的军队"。它们和现代制图学惯用的地理坐标定位是不太一样的。另外，他还提到中国古代的某些城市图，"图上的文字注记一律采取由城市中心的各个城门观测的角度题记。当某一城门处于图的上方时，有关这座城门的注记文字对读者来说是正的，可以读；其他城门的注记文字则是倒置或横写。所以，必须把地图拿在手中旋转着看，才能阅读图上的全部文字"〔案：上文提到的《置室门图》也是这样书写各门的位置〕。这些例子虽然年代偏晚，但其方向随视角转移和古代是同一个道理。

---

[1] 唐晓峰《梵蒂冈所藏中国清代长城图》，《文物》1996年2期，84—88页。
[2] 李孝聪《古代中国地图的启示》，《读书》1997年7期，140—144页。

我相信，无论早期还是晚期，方向"反常"的地图今后一定还会有不少新发现。

1997年9月27日写于北京蓟门里

（原载《九州》第二辑，北京：商务印书馆，1999年）

【附录】

曹婉如等编《中国古代地图集（战国—元）》（文物出版社，1990年）中的地图方向。此书共收古地图147幅（图版1—205）：

（1）战国地图（图版1—17）。8幅，其中《兆域图》（图版1、2）为上南下北，放马滩一号秦墓出土地图第五种（图版12、13）为上北下南，余不明。

（2）西汉地图（图版18—29）。4幅，其中《地形图》、《驻军图》（图版20—27）为上南下北，余不明。

（3）东汉地图（图版30—36）。4幅，《市井图》为上北下南，余不明。

（4）唐代地图（图版37—41）。只有《五台山图》1幅，是五代画师据唐代流传的底稿绘制，方向为上北下南。

（5）伊斯兰地图（图版42—44）。2幅，方向不明。

（6）宋元地图（图版45—205）。128幅，其中绝大多数是上北下南，但《唐都城内坊里古要迹图》、《汉唐都城要水图》、《郦道元张掖黑水图》、《今定黑水图》、《九夫为井之图》、《黄河源图》、《江宁县图》、《河源之图》（图版105、106、110、111、122、168、192、205）为上南下北，《皇朝建康府境之图》、《茅山图》（图版189、194）为上东下西，《九州山川实证总要图》、《今定禹河汉河对出图》、《历代大河误正图》（图版107—109）为上西下东，《元经世大典地理图》（图版179）为左上南、右下北。

大禹陵

禹步探原
——从"大禹治水"想起的

一、大禹最近很出名：上博楚简和保利铜器

大禹最近很出名，因为有最新的考古发现：

（1）上海博物馆从香港买回一批战国楚简，其中有自题为《容成氏》的一篇，是讲上古帝王，其中提到大禹治水和禹画九州，九州的名字和《禹贡》不一样。

（2）北京的保利博物馆从香港买回一件铜器，叫"燹公盨"，上面有句话，"天命禹敷土，随山濬川……"。简直和《禹贡》开头的话一模一样。翻开《禹贡》，我们可以读到，"禹敷土，随山刊木，奠高山大川……"。《禹贡》的序（即该篇的提要）也说，"禹别九州，随山濬川，任土作贡"。这是一件西周中期的铜器，年代更早。

于是，学者都说，怎么样？大禹治水的故事就是早，至少打西周中期或更早，禹的故事就已腾传人口，咱们穷追古史，断代探源，又加了一把劲。

大禹治水，在中国特别有名。故宫珍宝馆有件玉雕，乾隆爷用一整块和田玉表现这个故事，大家都见过。它的伟大意义在哪里？主要是两条，一是突出了咱们这个大国，自古就很重视水利（虽然几千年了，一直治不好）。二是"中国"这个概念，它的前身，大家说的"华夏"，是和禹的名

字连在一起。

前一条，魏特夫倡"水利社会"说，说治水治出个"东方专制主义"。这是个含糊不清带有偏见的词。西方历史是从小国寡民出发，他们把东方大国当对立面：西方是民主，东方是专制。我们这里也有人跟着乱讲（特别是80年代）。西方的人类学家和考古学家对此早有批评，拿出大量证据，证明根本不对。但水利和"大一统"有关，倒也不能完全否定。

后一条，主要是象征意义。中国的疆域历代不同，汉族的内涵也历代不同。什么是"中国"？什么是"汉族"？这是引起争论的问题。喜欢强调一脉相承的我们总是说，凡是住在今中国版图内的就是中国人。但很多汉学家说，只有说汉语的才是中国人，即把汉语、汉族和中国人混为一谈（英文是一个词）。中国的邻居，朝鲜和越南，本来属于汉文化圈，也有他们的看法。"华夏"是"中国"（汉代已用这个词指汉族统治的疆域）概念的前身，这个概念怎样形成，自然也是大问题。

在中国古代传说中，"夏"就是"禹迹"，"禹迹"就是"夏"，只要是他老人家走过的地方，都可纳入这个概念。我们山西人，还有河南西部人，最自豪。因为，本来意义上的"夏人"，主要是住在这一块。黄河闹灾，也经常在这一块。好像专等着禹爷出世。但"夏"一出名，大家都来起哄，就乱了套。东边，河南东部人、河北南部人和山东人，即古代的"商人"，东夷和淮夷，还有后来的宋人和齐人，他们也都说，他们是住在"禹迹"。西边，陕西人和甘肃人，即古代的周人和秦人，也不甘落后，同样说，他们是住在"禹迹"。"华夏"这个雪球就是跟着他的名字越滚越大。最后，就连南方人也来掺乎。四川人说，禹生纽石。湖南人说，衡山上有禹爷留下的怪字（《岣嵝碑》）。浙江人也说，禹爷葬在绍兴，现在还有大禹陵。这么多禹迹，搁一块儿，当然很大，简直和秦皇汉武游走的地方差不多。好像六千多年前，我们真的已有这么一大块地盘。

大禹走过的地方，这是借助传说对外表达的中国最早的"中国"概念。其象征意义要大于实际意义。祖述这一概念的中原古国，商和周，它们都以夏自居，由此形成中国历史上赫赫有名的所谓"三代"。

二、当年的争论：大禹是虫还是人

中国的传说，尧、舜以下是禹，禹是上承尧舜禅让，标志三代开始的人物。现在讨论禹故事，大家都会想起《古史辨》上的争论。

当年，五四运动，大家搞思想解放运动，年轻学子言必称"德先生"、"赛先生"，群以非圣疑古为时尚，引起大讨论，文章发表于《古史辨》杂志，成为中国学术史上的大事，开风气之先的代表人物是顾颉刚。

顾先生说，大禹是条虫，根据是《说文解字》。许慎说："禹，虫也。从内象形。screen，古文禹。"他说，大禹是神不是人，禹的神话可能是因九鼎而起。九鼎上面有花纹，花纹里面有条虫（他猜测）。这条虫可能就是禹（也是猜测）。禹的从虫到神，就是从九鼎而来。这种讨论，是受胡适影响，带有五四风气的讨论。它很容易让人联想到日人白鸟库吉氏的"尧舜禹抹杀论"（虽然，这是不约而同，并非彼此抄袭）。白鸟氏的理论，与日本的现代化诉求有关。我们也有这个背景。但他们抹杀尧舜，是为了"脱亚入欧"。"脱亚"是脱中国，"入欧"是加入西方主流，核心是对外扩张，侵略中国。它从一开始就与日本谋武力崛起，推行军国主义有关。我们否定传统，正好相反，是为了救亡图存，抵御外侮，特别是抵御日本的侵略。上世纪80年代以来，国人痛感落后，有"救亡"掩盖"启蒙"之说。殊不知当日之中国，"启蒙"必以"救亡"为背景（打别国，不可能，也不应该；光启蒙，不救亡，只有当汉奸）。我们不要忘记，五四运动就是以反对日本侵占胶东为序幕。这是基本背景。同样是讲史学现代化，打人和被打，就是不一样。

顾先生的说法对不对？关键是，当时有没有夏？有，大有多大，小有多小？这是上面提到的大问题。但当时，大家的争论却是，禹是实有其人，还是神话虚构。顾先生的说法很大胆，有破除迷信，解构"大一统"的进步意义，但考证上没有根据。当时，顾先生在北大教书，只有二三十岁，王国维比他年纪大，名气也大，在清华讲古史。顾先生对王国维佩服得五体投地，但王对顾评价却很负面。1922年8月8日，王在给罗振玉的信中说，来访者顾颉刚，人很用功，"然其风气颇与日本之文学士略同"。1925年，他在清华写讲义，叫《古史新证》，讲义一开头就是批评顾先生（没有点名）。他说，"疑古之过，乃并尧、舜、禹之人物而亦疑之"，山东出过叔夷钟，齐人说，我们是住在"禹迹"；甘肃出过秦公簋，秦人也说，我们是住在"禹迹"。这两件铜器都是春秋中期的东西，可见"春秋之世，东西两大国无不信禹为古之帝王，且先汤有天下也"。顾很有器量，把王氏的讲义摘登于《古史辨》，说先生的意见和我一样，太好了，我们都说，西周中期，大禹的传说就有了。

当然，我们都知道，他俩的看法并不一样。王是相信尧、舜、禹实有其人，顾是视为神话，不管是虫不是虫，反正不是人。

另外，大家知道更多，是鲁迅的《理水》。鲁迅和胡适同为五四健将，但他讨厌胡，也不喜欢顾。《理水》是大禹治水的"故事新编"，小说里，洪水滔天，有一帮学者，坐在"文化山"上高谈阔论，"拿拐杖的学者"是潘光旦，"鸟头先生"是顾颉刚。鲁迅以子之矛攻子之盾，把"顾"字一拆两半，"雇"是一种鸟的名字，"页"是头，故意编个"乡下人"，拿他的名字开玩笑。"乡下人"说，"禹是一条虫，不是人"，他不信。"拿拐杖的学者"说，"乡下人"都是愚人，"拿你的家谱来"。"鸟头先生"也说，我有学者的来信为凭，他们都赞同我的学说。"乡下人"说，我没家谱，也不必等来信，"证据就在眼前：您叫鸟头先生，莫非真的是一个鸟的头，并不是人吗"。这番话把"鸟头先生"气得"耳轮发紫"，说是要

王静安先生遺著之一

古史新證

馬衡署檢

《古史新证》

"到皋陶大人那里法律解决"。"乡下人"就是作者自己。

鲁对顾的说法也不赞同,而且很不客气,完全是讽刺挖苦。

这是当年的讨论。

我们有新的发现,但结论还在原地:西周中期,大禹的传说就有了。

三、大禹治水——三过家门而不入

这里,我不打算讨论禹是人还是虫。传说就是传说,我们最好还是注意一下古人是怎么讲,谁在讲,什么时候讲。知道这些,也就够了。比如"大禹治水,三过家门而不入",就是我所关注的一个传说。

"大禹治水,三过家门而不入",通常是形容一个人大公无私,为了工作,连家都不顾的伟大精神,语出《孟子》,战国就有。原文是:

> 当尧之时,天下犹未平,洪水横流,泛滥于天下,草木畅茂,禽兽繁殖,五谷不登,禽兽偪人,兽蹄鸟迹之道交于中国。尧独忧之,举舜而敷治焉。舜使益掌火,益烈山泽而焚之,禽兽逃匿。禹疏九河,瀹济、漯而注诸海,决汝、汉,排淮、泗而注之江,然后中国可得而食也。当是时也,禹八年于外,三过其门而不入,虽欲耕,得乎?(《滕文公上》)

> 禹、稷当平世,三过其门而不入。(《离娄下》)

大禹治水,不回家,据说是不看儿子,即他的宝贝疙瘩,后来的接班人,那个叫启的小孩。比如,《华阳国志·巴志》引《洛书》说"禹娶于涂山,辛壬癸甲而去,生子启,呱呱啼,不及视,三过其门而不入室,务在救时",《吴越春秋·越王无余外传》也说"禹三十未娶",遇九尾白狐,

"娶涂山女，谓之女娇。取辛壬癸甲，禹行。十月，女娇生子启。启生不见父，昼夕呱呱啼泣"。

古人说，"匈奴未灭，何以家为"。俗话讲，"舍不得孩子，打不了狼"。"大禹治水"是一种精神，榜样的力量很大。上有墨子，下有程、朱、陆、王，还有王安石，大家对这种精神都很佩服。

说起大禹，我会想起毛主席。毛主席说，"六亿神州尽舜尧"。人民在广场上喊"毛主席万岁"，山摇地动；毛主席在天安门上喊"人民万岁"，响彻云霄。他们跟着毛主席，在中国这张白纸上画画，在我脑子里还有记忆。1958年，我还小，但很多活动，我都参加过。密植小麦，老师带我们挖大坑，长宽高各一丈，一层土一层肥，狂撒种子，先头像块绿地毯，好看，后来纠结如乱发，种子都没收回来。大炼钢铁，老师让我们帮工人叔叔砸废铁，我发现一颗子弹，受到表扬。还有更自豪的是，老师说我有绘画天才，让我在教室外面的墙上画飞马（后来房子扒了），诗画满墙也没落下……

小时候，我们都听说过大禹治水，当然不是他在《禹贡》中的业绩："芒芒（茫茫）禹迹，画为九州"，人民从此安居乐业，全都住在他老人家走过的地方，各地都有好些土特产，可以奉献给祖国，也就是大禹本人。他老人家喜欢挖土，我们在汉画像石上见过他的尊容，手里拿着铁锹，当时叫畚。1958年，毛主席带领大家修水库，李锐画幅水墨画，郭沫若题诗（其实是词，打油体的词）其上，"领袖带头挖土，人民不亦乐乎，三山五岭齐欢呼，苦战何能算苦"。当年，我们老家，有个老师，他说查了《推背图》，毛主席是水怪下世，不然，干吗到处修水库。所以，他被打成反革命，开除，回家种地。那时，我根本没读过《尚书》，大禹治水，就知一句话，"三过家门而不入"，而且以为是歇后语："大禹治水——三过家门而不入。"我就知道，他为了工作，不顾家。过去，电影、报纸经常宣扬这个，比如，有个地质工作者，据说一辈子，所有见面日子加起来，只跟老婆呆过两三年（记不清，暂时就算两三年吧），可他找到的矿石标本，别的不说，光是黄金，就比他这个人的块头还要大。他的精神太伟大，所以大家找块矿石，大个儿的矿石，给他雕了像（大意如此，未必准确）。现在演警察，也还这么说，不能不说。

　　过去，我知道，我们特有这种精神。比如学大寨那阵儿，"天大旱，人大干"，"白天一把锁，黑夜一盏灯"。党支部书记豪言壮语。他说，咱们这回可是"脱了裤子大干"。我们挑水上山，十里八里，七沟八梁，满满两大桶，上山一倒，还不如一泡尿。地头上，大家抚今追昔，又想起当年的大会战，横长二百里的一个县，西边半个县，老百姓都关门，全部搬到东边半个县，住在山里炼钢。我们都不知道是怎么回事，是不是小鬼子又来了，咱们又四处躲难，他们说。我们那儿，老百姓都是住小楼，楼下住人，楼上囤粮，现在人山人海，上下都睡人。一天干下来，累个贼死，躺倒就爬不起来。夜里，哗哗下雨，楼上流到楼下——不是真的下雨，下的都是尿。

四、大禹曾患阳痿症

　　古代的地理概念是人用双脚走出来的，不是一个人，而是很多人。但古人把所有地理发现都归功于禹，就像现代人把地理大发现都记在哥伦布这帮西方航海家的名下。凡是舆地类的创作都被纳入"禹贡九州"的概念。顾颉刚先生兴《禹贡》学会，办《禹贡》杂志，提倡地理研究，还是沿袭这个概念。

　　中国的地理书有两大来源。一是水志，如《史记·河渠书》、《汉书·沟洫志》，还有郭璞、郦道元等人注解的《水经》一书，这是导源于治水的概念，乃《禹贡》的嫡脉。二是山经和海经，典型作品是《山海经》,古代入山入海,是和寻仙访药有关,故此类与本草、志怪和博物类的古书往往交叉。此外,讲帝王巡游,如《穆天子传》,封禅书、郊祀志和诸蕃志类的作品,以及记录天下郡国、山川形势、人口赋税的书,也可归入地理类。甭管是哪一类,都是推始于《禹贡》。比如史公《河渠书》、班氏《地理志》,就都是从大禹治水的故事讲起。魏晋以降,地理书渐多,形成史部图书的一类,《隋书·经籍志》的地理类,首列之书是《山海经》。刘秀(刘歆)《上山海经表》说,它的根子还是《禹贡》。此外,郡县志类的图书,也与九州职贡的概念有关。

大禹是品牌标志。

古人说"芒芒(茫茫)禹迹,画为九州"(《左传》襄公四年引《虞人之箴》)。在中国古代传说中,九州是禹用脚丫子走出来的。他所走过的地方,大江南北,到处都留下了他老人家的足迹,而"禹迹"者,则是用"禹步"走出来的。

什么是"禹步"?大家的印象,首先是来自道教。研究道教的学者都知道,道士念咒作法,有所谓"禹步"。这种步法有点像慢三步的舞步,或小孩游戏所谓的"跳间"。所谓"三步九迹",就是按北斗七星(或九星)的图形,两脚迈丁字步,"踏罡步斗",左旋右转,三步一扭。

禹步是属于咒禁之术。据说可以拔箭断水,十分灵验。如《南齐书·陈显达传》说陈显达"矢中左眼,拔箭而镞不出,地黄村潘妪善禁,先以钉钉柱,妪禹步作气,钉即时出,乃禁显达目中镞出之",《北齐书·由吾道荣传》说由吾道荣遇"恒岳仙人",在汾水上,"值水暴长,桥坏,船渡艰难。是人乃临水禹步,以一符投水中,流便绝"。

禹步的来源到底有多早,这可是个大问题。西汉晚期的书,《扬子法言·重黎》已经提到:"昔者姒氏治水土,而巫步多禹。"(唐李轨注:"禹治水土,涉山川,病足,故跛行也。……而俗巫多效禹步。")看来汉代已有此术。西晋古书,《抱朴子》的《仙药》、《登涉》也多次提到"禹步"。

葛洪说："禹步法：前举左，右过左，左就右。次举右，左过右，右就左。次举右，右过左，左就右。如此三步，当满二丈一尺，后有九迹。"（《仙药》）就是讲"三步九迹"。古代道士，求仙访药，云游四方，什么山都去，他们的见闻，上面已说，正是魏晋地理书的重要资源。

70年代出土的马王堆帛书，是西汉早期的古书，其中的医书，有不少禁方，我在《中国方术考》中讲过，其中也多用"禹步"（见《五十二病方》和《养生方》），它说明，禹步在西汉早期就有。但古代方士或道士，他们干吗要走这种步子，这却有个说法。上引李轨注已提到，他是跋山涉水给累坏的，腿脚不灵，走起路来像瘸子。《越缦堂读书记·子部·杂家类》也说："禹手不爪，胫不毛，生偏枯之疾，步不相过，人曰禹步。"看来，他得的病是属于"偏枯之疾"，即四肢麻痹，迈不开步子。毛病都是累出来的。

不过，关于大禹的病，在出土文献中还有另外一个讲法，实在令人惊奇。马王堆三号墓即出帛书的墓里，它还出了一部房中书，是写在竹简上，此书包括十组对话，整理者题为《十问》。其中第八组对话，是禹和师癸的问答。我把它的大意转述如下：

> 禹问师癸说："只有耳目聪明身体好，才能治理天下，我到处治水，从黄河，到长江，来到会稽之山，前后已经十年了。真没想到，现在是'四肢不用家大乱'，您看这病该怎么治？"师癸回答说："要把天下治好，必从身体抓起。你的病是伤于筋脉，血气不通，对症治疗是活动四肢，锻炼筋骨。睡觉前后一定要'引阴'，即做一种生殖器操，一屈一伸，反复行之，只要节奏合适，就会精如泉涌。你照这个法子练，必定长寿延年。"禹照他的方法练，常喝牛奶（也有可能是其他奶），补身子，结果是，太太（后姚）不再闹事，家里也恢复了安定团结。这就是所谓"师癸治神气之道"。〔案：古代缺乏营养，

在马王堆帛书里,牛奶、鸡蛋都是房中补品。〕

另外,在马王堆帛书《养生方》的结尾,也有一个故事,同样是讲禹和一群女人讨论"合气之道",即男女交接之道,其中也有"须眉既化,血气不足,我无所乐"等语,可惜残破太甚,难知其详。

不用我说,大家都看明白了吧。

"大禹治水——三过家门而不入",其直接后果有二:第一,是把身体搞坏,不只是四肢麻痹,走路不得劲,而且是那话儿不举,豪放不起来;第二,是把家庭搞乱,不只孩子没人疼,老婆没人爱,而且给他本人造成行动不便、精神烦恼,直接影响了治水大业。

禹贵为天子,铁肩扛着治国重任,乃不能修身齐家,沦为假夫假父,这也是深刻的历史教训。

2004 年 9 月 1 日写于北京蓝旗营寓所

(原载《书城》,2005 年 3 期)

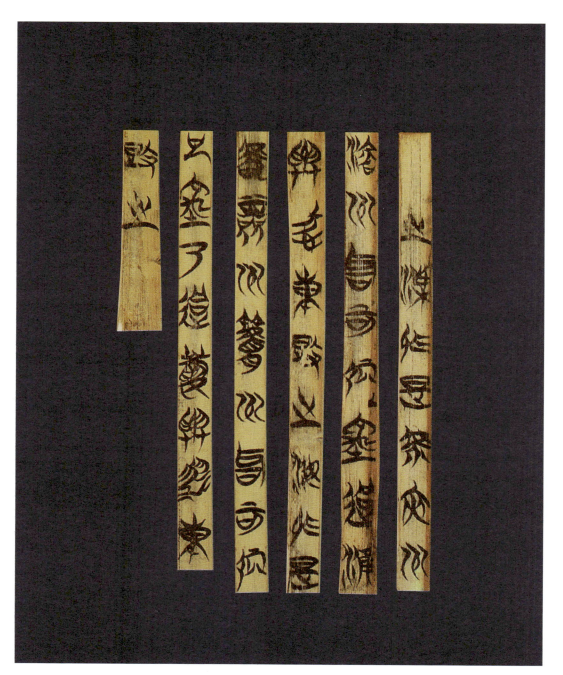

上海博物馆藏楚简《容成氏》

三代考古的历史断想[1]
——从最近发表的上博楚简《容成氏》 豳公盨和虞逑诸器想到的

一、序说：开放的史学，齐蛮夏，同古今

关于"开放的史学"，我不想长篇大论，只想简单表一下态，算是我对问题的回答。然后是以最新的发现为例，围绕三代考古中的问题进行历史学的分析。

我想，要谈"开放的史学"，考古学是很好的例子。为什么我把考古学叫"开放的史学"呢？这是因为，从材料和方法上讲，它是一门"上不封顶，下不保底"，"今日之我与昨日之我战"，需要不断更新，反复调整的学问，自己打自己耳光的事是经常发生。它和专以文献为依托的狭义史学不同，是年代范围很大的远距离观察。这种研究，不是材料固定，解释翻新，大胆假设，死无对证，而是用新材料做新学问，常做常新，对假设本身开棺验尸，该证实的证实，该推翻的推翻，一点都不客气。这是广义的历史学。还有，无法回避的是，我们做史学研究的人，都是挣扎于现实

---

[1] 最近，北京大学历史系的同学邀请我在他们举办的"开放的史学"讲座上讲一下我对历史学的理解，为此，我进行了认真的准备。可惜的是，现在因非典流行，一切聚会皆属不宜，他们的讲座已无限期推迟。但我还是把自己的想法整理了一下，写成这篇讲稿，既回应最新的发现，也兼答同学的问题，算是我和他们做一次书面的讨论。在我之前，有几位先生已经作过演讲。我不知道他们怎么想，怎么讲，我自己的看法，其实很简单，就是用考古学的材料和方法扩大和加深我们对历史学的理解。所以，我是用举例的形式来发表我的感想，并在讲稿开头，先交待一下我对这个问题的理解。

生活的旋涡，必然会"古今中外"在头脑中打架。我们提倡"开放"，一种理解是千古皆备于我，即80年代启蒙思潮下的说法，光是强调以今人的立场重新解释历史，光是强调倒写的历史。还有一种是我强调的考虑，即今人的想法必含逆溯的偏见，要反复校对，反复消毒，特别是把西方史学积五百年之久，已根深蒂固的文化立场，把"现代"对"古代"的优越感，"文明"对"野蛮"的优越感，放进更大的时间尺度去理解。这个理解就是王国维先生得出的著名结论，即"学无古今中外"。[1] 这是我做历史的信念和立场。简单地说，就是齐蛮夏，同古今，用一视同仁的人类眼光来看待人类自己的历史。因此，我想把"考古"变成更宽泛意义上的理解。它是个"揭老底战斗队"，专门挖上述"优越感"的祖坟，目的是让这些"二元对立"能理直气壮地平等对话。我希望大家能在我的学术研究背后，发现我看问题的基本立场。[2]

现在，我要介绍的是近年来的几个重要发现。所谓"重要发现"，有些是盗掘盗卖，抢救回来的东西（上博楚简、燹公盨），有些是农民挖土，偶然发现，捐献给政府的东西（虞逑诸器），它们并不是正式发掘的结果，但按广义的理解，含混的理解（把所有正式发掘和偶然发现的东西全都放在考古学的眼光下），也可以叫"考古发现"。

---

[1] 王国维《国学丛刊序》，收入《王国维遗书》，上海：上海古籍书店，1983年，第四册：《观堂别集》卷四，6页背—9页背。
[2] 顺便说一下，我认为，史学立场比方法更重要。西方历史学的宿疾是其价值体系支配一切。对它来说，上述优越感是不容置疑。但这个体系是建立在近五百年来它打遍天下无敌手的武功之上。为了证明这种优越，它不但伪造自己的历史（如文艺复兴以来对希腊、罗马的认祖归宗，为欧洲制造了"科学"与"民主"的历史），也伪造其他国家的历史（如以希腊打败波斯，伊斯兰不敌基督教，证明东方骨子里就落后，所谓"迷信"和"专制"的历史，也有很多虚构）。然而，"现代"绝不是"历史"的终结，而是"历史"的延伸。"现代"虽将"历史"过滤为可怜的既往，但它并不是"历史"的容器。同"现代"相比，"历史"大得多，也深得多，其小大之辨，是一目了然。因此，"开放"的意义之一，就是要把"历史"从"现代"的咒语下解放出来，把"现代"重新置于"历史"之下。这不是倒行逆施，而是顺理成章（考古的加入，至少从理论上，使史学变成一逆一顺，相济而行，多少可以检验的东西）。

二、上博楚简《容成氏》的发现：禹画九州，"夏"是中国文明的代名词，三代考古的地理眼光

最近出版的上博楚简《容成氏》是讲上古帝王传说。[1] 它分三个层次。开头一段是讲容成氏等相传最早也最虚无缥缈的上古帝王，简文脱佚，估计约有二十一人，大部分能同古书对上号，少数还值得研究。这是第一个层次。下来，是讲唐、虞二代，即尧、舜，是又一个层次，也比较虚无缥缈。中心都是讲禅让，千篇一律，内容比较空洞。再下来，是讲夏、商、周三代，即禹、汤、文、武，禅让之道废，革命之说兴，内容才比较靠实。这些故事，大部分都是我们在传世古书中熟悉的故事。但有两个故事不太一样，一个是大禹治水，一个是文武图商。我们先谈第一个故事。[2]

传世文献讲夏，主要是讲大禹治水和禹铸九鼎，还有《史记·夏本纪》提供的夏世系，其他什么也没有。这两个故事，象征意义很明显。它们代表的是一种前帝国时期，疆域大小并无一定，更多是靠文化认同建立的三代相承的"一统"概念，即我国古代的"文明"概念。这种概念，世界各国都有，今天也有，比如有些"聪明蛋"（美国有一种炸弹，叫"聪明弹"）说伊斯兰文化不文明，就是这种概念的延续。中国的这种概念是以夏为模范，商周以来，凡歆羡富裕，景慕强大者，都承认这个概念，不管住在哪里，属于哪个民族，任何文明人，都是奉"夏"为雅正，自称"有夏"，以别于当时的"蛮夷戎狄"，即野蛮人。比如睡虎地秦简《法律答问》，它讲当时的国籍认定，说只有妈妈是秦人的小孩才能叫"夏子"，

---

[1] 马承源主编《上海博物馆藏战国楚竹书》（二），上海：上海古籍出版社，2002 年，247—293 页。
[2] 同上书，263—272 页。

就是如此。[1]虽然当时的秦，在山东六国，即"中原诸夏"眼中，还是"夷狄视之"（《史记·秦本纪》）。这就像"9·11"那天，有些崇拜美国的中国人，他们会说，打今晚开始，我是美国人了，这就是他们的价值认同，其实他们并不住在美国，中国也没有成为美国的一个州。而有趣的是，古书中的"雅"字，古文字是写成"夏"，比如楚简就这么写。它本来就是以"夏"为"雅"。"夏"是代表"文明"，这是简文讲大禹治水的核心。

另外，简文讲大禹治水，还有一个意义，和地理学有关。虽然《禹贡》九州并不是固定的地理范围，未必就能反映夏、商、周的具体范围，但它却是自古相传的地理概念和描述体系。1934年，顾颉刚先生创办《禹贡》杂志，就是借这个概念，发起研究中国的民族演进史和地理沿革史，在学术史上有重大意义。我们都知道，《左传》襄公四年魏绛引《虞人之箴》有一句话，叫"芒芒（茫茫）禹迹，画为九州"。这句话，就是唐晓峰先生创办我也参加的《九州》杂志每期都有的卷首题辞。"禹迹"是大禹治水走过的地方，在古代是流行术语。凡言舆地，都是笼罩在这个概念之下。如《山海经》和《水经注》，就都是以山水互为表里，按这个体系讲地理。

《容成氏》讲禹，和现存文献一样，也提到禹画九州，但它与《禹贡》等书不同，是另一种版本，只讲水，不讲山，它是按水系不同，分六大块讲。这六大块，首先是讲东方，即禹亲执耒耜，陂明都之泽，决九河之阻，而有夹州（疑即兖州）、徐州；然后也是东方，即禹通淮水、沂水，东注之海，而有竞州（疑即青州或营州）、莒州；然后是讲北方，即禹通蒌水（疑即滱水）、易水，而有蓏州（疑即并州）；然后是讲南方，即禹通三江五湖，东注之海，而有荆州、扬州；然后是讲中央，即禹通伊

---

[1] 睡虎地秦墓竹简整理小组《睡虎地秦墓竹简》，北京：文物出版社，1990年，135页。

水、洛水、瀍水、涧水，而有豫州；最后是讲西方，即禹通泾水、渭水，北注之河（二水不通于海），而有虞州（疑读"沮州"，相当雍州）。[1] 禹画九州是一种方位化的概念图解，从原则上讲，它是由四方四隅加中央，组成九宫格，但具体安排，往往是分六块或七块讲，顺序和名称不一样。如《书·禹贡》是作冀、兖、青、徐、扬、荆、豫、梁、雍（即从北到东到东南到南到中到西南到西北）；《周礼·夏官·职方氏》是作扬、荆、豫、青、兖、雍、幽、冀、并（即从东南到南到中到东到西北到东北到北）；《吕氏春秋·有始览》是作豫、冀、兖、青、徐、扬、荆、雍、燕（即从中到北到东到东南到南到西北到东北）；《尔雅·释地》是作冀、豫、雍、荆、扬、兖、徐、幽、营（即从北到中到西北到南到东、东北、东南）。简文与四书相比，最大不同是没有冀州、梁州和幽州，其相当兖州、青州（或营州）、并州、雍州的四个州，写法也不同，并且多出莒州。这是很重要的发现。

现在，中国早期文明的分布，即古人所说的"禹域"，通过考古发现，其范围已日趋明朗，以北方黄河流域而言，它是以三条线和三大块为主要活动范围。三条线，第一条在北纬41°左右（大体在黄河北上转弯处），即今秦皇岛、北京、张家口、大同、呼和浩特和包头一线，为北线，可称"农牧分界线"（华夏势力最大时可以进抵此线），中原诸夏中，只有燕国突前，是位于这一线（衔接内蒙古、东北和河北，为战略要地），它的存在有如孤岛，耐人寻味；第二条在北纬38°，即今石家庄、太原、榆林、青铜峡和武威一线，为中线，可称"农牧争夺线"（华夏和北方民族反复争夺，南北推移的界线）；第三条在北纬35°（更准确地说，是在34°—35°

---

[1] 请参看简文原文和我的注释。"徐州"原作"滁州"，"沂水"的"沂"原作"忻"，"莒州"原作"簠州"，"易水"的"易"原作"汤"；"荆州"原作"酉州"，"扬州"原作"鄡州"，"伊水"的"伊"原作"洸"，"瀍水"的"瀍"原作"里"，"涧水"的"涧"原作"干"，"豫州"原作"敔州"，"泾水"的"泾"原作"经"。

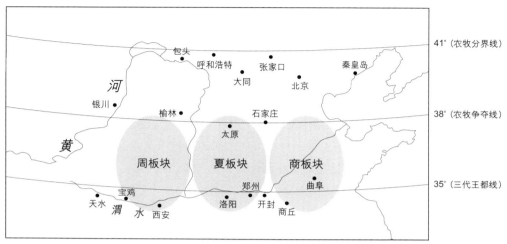

三条线与三大块（钟晓青 绘）

之间，大体相当渭水和黄河中下游流经的地方），即今曲阜、商丘、郑州、洛阳、西安、宝鸡、天水一线，为南线，可称"三代王都线"（历代王都集中在这条线上）。三大块，陕西（加甘肃）是一块，在西，主要是周、秦之域，可称"周板块"；晋南豫西是一块，在中，主要是夏、晋、东周之域，可称"夏板块"；冀南豫北（加山东）一块，在东，主要是商和宋、卫、齐、鲁之域，可称"商板块"。中国早期居民，从夏朝开始，无论属于哪一族，住在哪一块，都自称"有夏"，住在"禹迹"，这是"中国"概念的前身。只有明白这一点，我们才能理解，为什么在《诗》、《书》等早期文献中，商人的后代也好，周人的后代也好，他们都是把"夏"理解为"天下"和"王土"，当作"中国文明"的代名词。[1]

---

[1] 在《尚书》中，"有夏"多指夏朝，但武王克商以后，周人也自称"有夏"，如《君奭》"惟文王尚克修和我有夏"，《立政》"乃伻我有夏"，都是代指周人。又据《诗·商颂·殷武》、《大雅·文王有声》、《书·立政》、《逸周书·商誓》，商人和周人的后代，他们都说自己是住在"禹之迹"。

三、燹公盨的发现：夏禹传说可以早到西周中期的证明

说到古书中的夏禹传说，大家都会想起我国近代学术史上的一段公案，即顾颉刚和王国维对这一问题的讨论。

1923年，顾先生提出他的"大禹是一条虫"说。[1] 此说被鲁迅大加嘲讽（收入《故事新编》中的《理水》），人多以为笑话，其实是出于顾氏对九鼎传说的理解。他是根据许慎的解释，即"禹，虫也，从禸，象形"（《说文》卷十四下禸部），怀疑禹这个人，"或是九鼎上铸的一种动物"，就像我们在铜器花纹上看到的蛇纹或蚕纹，"大约是蜥蜴之类"。当然这只是一种推测。另外，他还主张"禹与夏没有关系"。[2] 他对文献中的大禹传说做过全面审查，得出一个结论，就是禹见于载籍，实以《诗·商颂·长发》为最早（年代是采王国维说，定为西周中叶宋人所作），当时的禹还只是天神。禹成人王，据他考证，是在《诗·鲁颂·閟宫》和《论语》之后。禹成夏后更是战国时期的说法。这是顾先生的想法。

1925年，王国维在清华研究院讲"古史新证"。他的讲义，开头一章是绪论，[3] 一上来就说，研究中国古史，最麻烦的问题，是史实和传说混而不分，史实之中有添油加醋，与传说无异；传说之中，也有史实为依托。世界各国都有这类问题。所以有"信古"和"疑古"两种态度。"信古"，他是举《古文尚书》、《今本竹书纪年》为例，以为书是伪书，不可信，但被有些学者当真实史料来用；"疑古"，则是连尧、舜、禹之存在也怀疑，是疑过头了。他批"疑古"，没有点名，当然可指日本学者的"尧

---

[1] 顾颉刚《与钱玄同先生论古史书》，《古史辨》第一册，北平：朴社，1933年，中编，50—66页。
[2] 顾颉刚《讨论古史答刘、胡二先生》，《古史辨》第一册，下编，105—150页。
[3] 王国维《古史新证》，北京：清华大学出版社，1994年，1—4页。

舜禹抹杀论",[1]但主要还是针对顾先生。因为1922年8月8日,王国维给罗振玉写信,他对来访的顾颉刚有个印象,觉得他的学术作风"颇与日本之文学士同"(当指日本东京学派,如白鸟氏的言论),[2]而他写《古史新证》,又适在顾说引起轰动不久。王批评此说,以为"其于怀疑之态度、反批评之精神不无可取,然惜于古史材料未尝为充分之处理也"。所谓"充分之处理"就是借当时新发现的"地下的材料",补证"纸上的材料",用这种"二重证据法","证明古书之某部分全为实录,即百家不雅驯之言,亦不无表示一面之事实"。他反对使用默证,认为"虽古书之未得证明者,不能加以否定。而其已得证明者,不能不加以肯定"。[3]为证明尧、舜、禹不能轻易否定,绪论之后,他的第二章,一上来就谈禹。[4]他是以1917年甘肃礼县新出的"秦公敦"(即秦公簋)和宋代著录的齐侯镈钟(即叔弓镈)为例,讨论这一问题。前者,我是定为秦共公(前608—前604年)的器物,它的"十有二公",是指共公以前的十二代先君,他们全都住在今陕西宝鸡和甘肃礼县一带,但铭文却说,是住在"禹迹"。[5]后者是讲齐臣叔弓受齐庄公(前553—前548年)册命。叔弓是宋人之后,铭文说,他的祖先是"赫赫成汤","咸有九州,处禹之堵"。[6]王国维认为,既然《诗》《书》屡屡提到禹,其他古书也有大量记载,怎么可以忽视呢?更何况这两件铜器,全都不是出在夏文化的核心地区,一件出在僻

---

[1] 白鸟库吉《支那古传说の研究》,收入《白鸟库吉全集》,东京:岩波书店,1970年,第八卷,381—391页。此文有黄约瑟翻译的中文本:白鸟库吉《中国古传说之研究》,收入刘俊文主编《日本学者研究中国史论著选译》,北京:中华书局,1992年,第一卷:通论,1—9页。
[2] 吴泽主编《王国维全集·书信》,北京:中华书局,1984年,325—326页。
[3] 王国维《古史新证》,2页。
[4]《古史新证》,4—6页。
[5] 中国社会科学院考古研究所编《殷周金文集成》,第8册,北京:中华书局,1987年,4315号。又参看:李零《春秋秦器试探——新出秦公钟、镈铭与过去著录秦公钟、毁铭对读》,《考古》1979年6期,515—521页。
[6]《殷周金文集成》,第1册,北京:中华书局,1984年,272—285号。

处西戎的秦,一件出在远在海隅的齐,嬴姓的秦,子姓的宋,都说自己的祖先是住在禹住过的地方。这说明什么呢?只能说明,"春秋之世,东西二大国无不信禹为古之帝王,且先汤而有天下也"。[1] 这是王国维的看法。

当年,顾先生只有三十岁,是个年轻学者,王国维比他大十七岁,顾对王非常敬仰,对学术讨论也极为民主。他把王说特意刊登在《古史辨》第一册的下编,写了跋语,说他很高兴,因为他的假设得到了王国维的支持。[2] 但王说和顾说并不一样。因为,他还是强调禹是古代人王,先汤而有天下。

王国维和顾颉刚的讨论,意见不同,但从文献记载(如《长发》)看,他们都认为,西周中期,肯定已有禹的传说。这一看法,现已得到出土证明。因为新发现的燹公盨,年代约在西周中期偏晚,铭文提到"天命禹敷土,随山濬川",正是《禹贡》序所述,语句也极为相似。[3] 它说明,至少西周中期,大禹治水的故事就已存在。虽然商代铭刻,现在还没发现,但上述理解的可信度还是增加了不少。

另外,说到"夏问题",我还想多说两句。我理解,现在探索"夏文化",主要困惑还不在年代和地域,而在发现物的水平。因为现在的发现,第一是没有商代水平的青铜器,第二是没有商代水平的铭刻资料,第三是没有商代水平的大型宫殿。有的学者认为,二里头的东西水平较低,而且,它给人的印象是,中心突出,四边衰落。不但和后边比,悬殊太大,而且不像它前面的新石器文化,呈现普遍繁荣的气象。[4] 一个可能性的解释是,二里头有青铜兵器,作用等于原子弹,好像近代西方的船坚炮利,

---

[1]《古史新证》,5—6 页。
[2]《古史辨》,第一册,下编,264—267 页。
[3] 李零《论燹公盨发现的意义》,收入保利艺术博物馆编《燹公盨》,北京:线装书局,2002 年,65—81 页。
[4] 承北京大学考古文博学院刘绪教授教。

主要还是武器占了便宜，一下子拉开差距。[1] 这一解释可能还需要进一步证明。但"夏"概念的泛化，也许在于，它是个异军突起比较野蛮的征服文明，比起周边，武力强，地盘大，但水平并不是很高，就像16—17世纪的欧洲。可是，即便如此，它的突然崛起，在当时，还是件石破天惊的大事，成为榜样的大事。否则的话，比它强大的征服王朝，如继起的商、周，它们是不会以"夏"为荣耀。

四、上博楚简《容成氏》中的文武图商故事：文王平九邦的历史意义

上博楚简《容成氏》的文武图商故事，也是重要发现。[2] 这个发现的重要性在哪儿？我看主要就在，它把"小邦周"灭"大邑商"的秘密讲了出来。这个秘密是什么？就是先有文王以"周方伯"或"西伯"的名义先平定"九邦之叛"，然后，才有武王的一举灭商。

过去，读西周史和研究西周考古的人，大家都知道，周人是住在今陕西的宝鸡地区，它是沿渭水东进，从今扶风、岐山一带到今咸阳、西安，不断向东扩张，最后师渡孟津，在今河南淇县，把纣王打败。我们都还记得，牧野之战的誓师之辞，即《书·牧誓》，它一上来就是向"西土之人"喊话，说"嗟！我友邦冢君，御事：司徒、司马、司空、亚旅、师氏、千夫长、百夫长，及庸、蜀、羌、髳、微、卢、彭、濮人，称尔戈，比尔干，立尔矛，予其誓"。它所说的"牧誓八国"，一般以为，就是西土联军的主要参加国。武王就是靠这八个国家打败了商朝。"牧誓八国"，学

---

[1] 承俞伟超先生教。参看：俞伟超《长江流域青铜文化发展背景的新思考》，收入所著《古史的考古学探索》，北京：文物出版社，2002年，138—143页。
[2]《上海博物馆藏战国楚竹书》（二），283—293页。

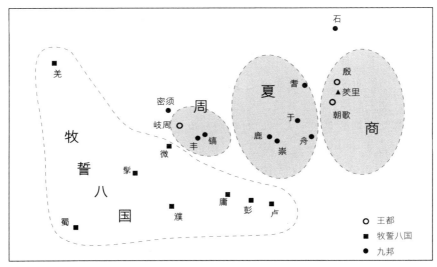

文武图商形势图（钟晓青 绘）

者多有考证，[1] 意见不尽统一。一般认为，庸在湖北竹山，蜀在四川成都，羌在甘、青一带，髳在四川巴县（或说在山西平陆），微在陕西眉县，卢在湖北襄樊，彭在湖北房县（或说四川彭山），濮在四川、湖北一带。尽管其考证还并不尽可靠，但总的印象，它们是分布于岐周之西和之南。其西是甘、青，其南是秦岭山区、四川盆地和汉水流域（宝鸡强国墓地和城固、三星堆等地的发现，是相关文化的遗物）。这八个国家，是它的后方依托。

但是，现在上博竹简告诉我们的是另一个故事。它说，周的崛起，是因商纣无道，九邦反叛，文王自告奋勇，愿意前往平叛，商纣释其囚禁

---

[1] 参看：顾颉刚《牧誓八国》，收入所著《史林杂识》，北京：中华书局，1963年，26—33页；《中国历史地图集》，第一册，上海：中华地图学社，1975年；复旦大学历史地理研究所《中国历史地名词典》，南昌：江西教育出版社，1986年。

（从殷墟南的羑里释放，但简文作"出文王于夏台之下"），让他讨伐九邦，才使周的势力得以壮大。这里的"九邦"是什么？简文说，是丰、镐、舟、石、于、鹿、耆、崇、密须。[1] 文王起兵，"七邦来服，丰、镐不服"，文王"三鼓而进之，三鼓而退之"，示其不忍加兵，结果是丰、镐也投降。然后，文王归周，内修其政，及武王即位，才有牧野之战，终于灭商。

简文提到的文王平九邦，对我们来说，是个新知识。虽然，它说的九邦，在古书中也不是毫无记载，但九国并举，全列其名，却是前所未闻。[2] 我在简文的注释中曾指出，文王平九邦，于史无考，只有《礼记·文王世子》提到过一下。《文王世子》说，文王有病，武王侍疾，文王病情好转，武王才敢安睡。第二天，文王问他做了什么梦，他说梦见天帝赐他"九龄"。文王说，你以为是什么意思？武王说，大概是指"西方有九国焉，君王其终抚诸"。文王说，不对，"九龄"是说年齿，即我可以活一百岁，你可以活九十岁，我要把我的寿数匀出三年给你。所以，文王活了九十七，武王活了九十三。前人对这段话有很多解释，很多争论，真实不真实，合理不合理，我们不去管（馈赠年龄，肯定是故事）。但它提到文王曾抚有"西方九国"，还是很有根据。记文提到的"西方九国"是哪九个国家，旧注失解，谁也不知道，孔颖达猜测说"今云西方有九国于时未宾，则未有二分诸侯也。或以为庸、蜀、羌、髳、微、卢、彭、濮之徒，未知定是何国也"，显然是无可奈何。现在有了《容成氏》，我们才知道，它是指上面的九个国家（简文"九邦"，《文王世子》作"九国"，"邦"作"国"是汉以来的避讳改字）。

上述九邦，丰、镐是实力较强的国家。它们就是古书所说"文王都

---

[1] 请参看简文原文和我的解释。九邦之名，原作"丰"、"镐"、"郍"、"䢵"、"于"、"鹿"、"耆"、"宗"、"螽须"。
[2]《左传》襄公四年"文王率殷之叛国以事纣"，《逸周书·程典》"文王率诸侯，抚叛国"，也含糊地说到这一事件。

丰"、"武王都镐"（《诗·大雅·文王有声》、《世本·居篇》、《史记·秦始皇本纪》）的"丰"、"镐"。得此二国之地，周人的势力才由周原一带推进到西安，在那里建立新的都邑。密须在今甘肃灵台一带，位于周原正北，是陕甘地区黄土高原上的戎狄强国。这些是周以北和周以东的重要国家。其他国家，舟在今河南新郑一带，鹿、崇在今河南嵩县一带，于在今河南沁阳一带，耆即《书·西伯戡黎》的"黎"，在今山西长治一带，大体范围属于商王朝占领的夏人故地，也就是考古学家说的夏文化分布区。它们当中，只有石还不能肯定（暂以东周以来的石邑当之。石邑在今河北石家庄以西的鹿泉一带，在殷墟以北）。

  对比文献，我们可以发现，这些国家也就是所谓"文王受命七年"，在这七年里征服的国家。古书讲这七年，如《史记·周本纪》，它是以文王决虞、芮之讼为受命之年，第二年伐犬戎，第三年伐密须，第四年伐耆，第五年伐邘（即上"于"），第六年伐崇，第七年作丰邑。简文未及虞、芮，也没有犬戎（疑与密须为同类，而有意省略），但比它多出丰、镐和舟、石、鹿。[1] 这里面，丰、镐的发现最重要。因为过去读《诗经》，其《文王有声》说"文王受命，有此武功。既伐于崇，作邑于丰"，很多人都以为文王是在崇的故地作建丰邑，甚至到西安附近寻找，把老牛坡遗址当作崇国。[2] 其实，崇是崇，丰是丰，简文记载，画然有别。诗句的"既伐于崇"，很可能是指"五年伐于"和"六年伐崇"。"七年作丰邑"，只是时间接在这两役之后，它是灭丰、镐而设，和崇并没有关系。这七个国家，都是考古学上应该寻找的重要文化遗存。

  由于简文的补充，现在可以看得比较明白，周人灭商，是分三步走。第一步，是夺取上面说的"周板块"（我是说，完整地夺取"周板块"），

----

[1]《尚书大传》伐邘在二年，伐犬戎（作"畎夷"）在四年，伐耆在五年，与此不同。
[2] 刘士莪编著《老牛坡》，西安：陕西人民出版社，2002年，357—361页。

即以今宝鸡地区为核心，以它的南部与国和西部与国（即"牧誓八国"）为后方依托，北征犬戎、密须，东征丰、镐，占领整个关中地区。第二步，是夺取上面说的"夏板块"，即平定上面讲的舟、石、于、鹿、耆、崇六国。第三步，是夺取上面说的"商板块"，即对商王畿形成合围之势，进行牧野决战。过去，孔子有一名言，叫"三分天下有其二，以服事殷"（《论语·泰伯》），同样说法也见于《逸周书·太子晋》，看来是古代成说。这两句话，旧注以为指文王受命，行其德，武王即位之前，于九州之中取其六州（荆、梁、雍、豫、徐、扬），只有三州（冀、兖、青）仍在纣的掌握之中，但周仍臣事于殷（《论语》郑玄注）。前人已经指出，文王时，周已兼有冀土，而豫州尚多属纣，未必能以州数为分割，"三分天下有其二"只是约略言之，并非专指他说的六个州（王夫之《四书稗疏》）。现在我们知道，它的真实含义恐怕是，武王即位前，周人已尽取关中，复夺夏地，占有天下的三分之二。武王以天下的三分之二，去攻打天下的三分之一，这是兵家所谓的"多算胜少算"（出古本《孙子兵法·计》，今本《孙子兵法》作"多算胜，少算不胜"，"不胜"是衍文），胜负之分显而易见。

简文的发现，对理解武王克商太重要。因为光靠周人自己，光靠牧誓八国，周人灭商是断不可能。过去，古人讲周人灭商，总是以文王、武王并举，一个行仁恩，一个奋武威，好像双璧，他们确实是密不可分的一对人物。我们可以说，没有文王平九邦，就没有武王克殷商。简文的补充，使我们对武王克商有了顺理成章的解释。

五、一点补充：重读周原甲骨，说文王拘羑里，商纣封西伯

文王平九邦是在文王拘羑里、商纣封西伯之后。过去读《史记·周本纪》，我们的印象是，文王是商纣的三公之一，其他两位是九侯和崇侯虎

("三公"之说不可信，我们从称呼看，他们应是周的方伯和诸侯）。他的被拘是由于崇侯虎进谗言，被放是由于闳夭献宝马美女和珍奇怪物。获释后，商纣"赐之弓矢斧钺，使西伯得征伐"。这是"文王受命七年"以前的故事。当然，这里应当说明的是，古书对人名的称呼，经常是把后来才有的称呼加在以前发生的事上，存在逆溯的误差。如《左传》讲鲁隐公如何如何，"隐公"是死后才有的称呼，活着不会这么讲，金文中的谥称和日名也是如此，一旦出现，人已经死了，所有描述都是追记。古书讲"文王"，也是如此。文王在商朝作西伯时，当然不能排除，他在当地也自称为王（但称王也并无证据），就像西周时期的吕王、丰王和燮王，都是以小国称王，但对商朝的天子而言，他是西伯不是王，更不会自称"文王"。我们使用"文王"，只是按习惯说法，称呼起来比较方便而已。

现在，真正属于这一时段的古代铭刻材料主要是周原甲骨中的几片。大家说的"周原甲骨"，是70年代的发现，即1977年陕西凤雏村西周建筑遗址西厢房H11和H31两坑出土的1700余片甲骨，以及1979年陕西扶风齐家村H1、3、4三坑出土的34片甲骨，不是最新发现。这些甲骨，过去是靠摹本研究，往往不太准确，理解也存在问题。最近，曹玮先生编的图录，[1] 照相制版，彩色印刷，提供了更为可靠的研究依据，联系上述发现，重新阅读，感觉是不一样的。[2]

这里，我说与文王拘羑里、商纣封西伯的故事有关，主要是指周原甲骨中年代较早的几片，即H11出土的1、8、82、84、112、115、130七片。这几片甲骨，过去存在争论，有人说是商人的甲骨，有人说是周人的甲骨，我看还是周人的甲骨。"商甲骨"说，主要是因为这几片提到了商王的祭祀，学者囿于"神不歆非类，民不祀非族"（《左传》僖公四年）的成说，不敢

---

[1] 曹玮编著《周原甲骨文》，北京：世界图书出版公司，2002年。
[2] 李零《读〈周原甲骨文〉》，待刊。

相信是周人的卜辞。现在，我的理解有点不同。我的看法是，这几片甲骨中的"文武帝乙"、"文武丁"、"大甲"当然是讲商王的祖先，而且没有问题，都是讲商纣对其祖先的祭祀，卜辞中的"王"肯定是商王，但它所谓的"册周方伯"或"典册周方伯"，以及"呼宅商西"，等等，还是应该理解为册命周方伯，让他住在商的西面。"册"字，原文加口，写法同于殷墟卜辞，过去多以为指杀牲为祭。但用在这里，无论如何讲不通。我们不能说，它是指杀文王为祭。现在我考虑，古代祭祀，往往要杀牲血祭，将祷求誓告之辞书之于册，与牲同埋，比如著名的侯马盟书、温县盟书，都是如此，卜辞"册"字，虽往往与牲连言，但本身并不是杀殉，而是指埋牲加书。也就是说，它是指册命周方伯。这种册命与西周金文中的册命应比较相似。金文中的册命，不管同族不同族，经常都是在周庙举行。我们不能因为卜辞提到商王的祭祀，就说这些卜辞都是商王的卜辞。因为它的重点还是讲册命周方伯，而不是祭祀商王。祭祀商王只是册命的背景。卜辞这么讲，我理解，这只能证明，当时的周人仍臣事于殷。这和古书的讲法是一样的。

周方伯，古书多称"西伯"，即西土之国的首领。他的被封，现在看来，主要是因为有九邦之叛，他自告奋勇，愿为商纣出征。他受封西伯，得专征伐，这件事，对周人是天赐良机，一则借以脱身，二是师出有名。他可以打着商王的旗号，削弱商王的统治。他所平定的九邦，本来都是商的与国，有些是鞭长莫及的西土之国，有些是征服占领的夏代故国，有的不亲，有的有仇，本来就是薄弱环节。商代末年，会其衰落，各国反叛，当然是机会。文王抓住这个机会，蚕食鲸吞，陷商纣于孤立，才会有牧野之战的兵败如山倒。

过去，司马迁讲"文王拘羑里"，他是以"勾践困会稽"作为类比（《史记·越王勾践世家》）。这确实是个报仇雪耻的类似故事。战国时期，经过演义，故事更趋戏剧化。如《汉书·艺文志·诸子略》道家有《太公》、《辛甲》、《鬻子》，小说家有《鬻子说》，还有很多子书，其中也含这类故事。其中尤以太公的故事最出名。当时人把太公描写成间谍，说他"三入文王三入殷"，比如《孙子·用间》和《鬼谷子·忤合》，它们都提到这样的故事。这些故事都是围绕着文王的胜利大逃亡，用小说的题目来命名，就是"文王拘羑里，商纣封西伯"。

上述周原甲骨背后，其实就是这个故事。

另外，我想顺便说一句，武王克商的与国，周所经营的外交关系，除上述各国，肯定还有很多国家。比如文王身边的谋臣（也是武王的重要谋臣），[1] 中间就有很多外国人。如太公是吕人，散宜生是散人，鬻熊是楚人，辛甲出辛氏（即莘氏），也不是周人。[2] 他们背后的国家也很重要。周原甲骨不但提到蜀国，提到密须（只称"密"），也提到楚国，就是反映当时的外交关系。这里面的楚国，表面上离周很远，但早期都邑可能在今河南淅川一带（我这么看），经商洛古道，可以直通蓝田（周昭王伐楚和秦惠文王伐楚，都是走这条道）。它与"牧誓八国"的庸、卢、彭、濮也是邻居（都在荆山一带）。西周早期，周、楚有密切关系，古人说，鬻子为文王师（见《汉书·艺文志·诸子略》道家《鬻子》下班固注），熊绎为周成王守燎（见《国语·晋语八》），这些传说，都可反映这一点。昭王以前，楚是周人在南方的重要与国，这是没有问题的。

---

[1] 古书记文，武谋臣有虢仲、虢叔、周公旦、召公奭、祭公、毕公、荣公、太公望、太颠、闳夭、散宜生、南宫括（或作适）、鬻熊、辛甲等人。《书·君奭》提到文王谋臣，有虢叔、闳夭、散宜生、泰颠、南宫括五人，武王时，虢叔已死，只剩四人，《尚书大传》称为"文王四友"。《太誓》（《左传》昭公二十四年）也提到武王"有乱臣十人"，《论语·泰伯》引之，孔子说其中九个是男人，一个是女人，马融、郑玄谓"十人"是周公旦、召公奭、太公望、毕公、荣公、太颠、闳夭、散宜生、南宫适，外加"文母"（即文王之后太姒）。又《国语·晋语四》提到"二虢"（虢仲、虢叔）、"二蔡"（即两位祭公）、"八虞"（八位虞官，即伯达、伯适、仲突、仲忽、叔夜、叔夏、季随、季騧），及"闳夭"、"南宫"（南宫适）、"蔡、原"（祭公、原公）、"辛、尹"（辛甲、尹佚）、"周、邵、毕、荣"（周公、召公、毕公、荣公）。

[2] "太颠"也许是矢人。"矢"与"散"邻近（都在今宝鸡），字形与"太"相近。

六、虞逑诸器的发现：逑的世系，虞官与养马

今年1月19日在陕西眉县杨家村发现的一组铜器窖藏，最近在世纪坛展出，经媒体报道，十分轰动。这是一个宝藏。它出土的二十七件铜器，除一件外，都是属于一个叫"虞逑"的人所作。[1]虞逑诸器有八套铭文，最重要的是三套长铭，即逑盘、四十二年逑鼎和四十三年逑鼎，它们都是周宣王晚年的铜器。逑盘，格式与史墙盘相似，也是列叙其历代先祖奉事周王的业绩，和常见的铜器铭文不一样，我们不妨称之为"谱牒式铭文"。两件逑鼎，则属于册命金文，格式和毛公鼎相似，在这类铭文中也是长篇。这一发现，意义很多，但最重要还是三点，一是对西周王年的排谱提出挑战，二是对西周王臣中很重要的一支，即单氏家族的一个分支，有了新的了解，三是对屏邑的再认识。这里只谈后两点。[2]

虞逑诸器，是由一个以虞为官其名叫逑的人作器。从逑盘铭文，我们可以知道，他是来源于单氏家族的一个特殊分支。他在西周的第一代远祖（铭文称"高祖"）是文王、武王时在王朝担任大臣的单公，即叔方鼎的"单公"；第二代远祖（铭文也称"高祖"）是从单公分出的公叔氏，即单公的第三子，疑即贤簋和恒簋的"公叔"；第三代远祖（铭文也称"高祖"）是从公叔氏分出的新支，铭文叫"新室仲"，其实是公叔的次子，盉器称为"大仲"；第四代远祖（铭文也称"高祖"）是以"惠"为谥，以"仲"为行，以"盉父"为字，叫"惠仲盉父"，是新室仲的次子，即盉器的"盉"；第五代远祖（铭文也称"高祖"）是惠仲盉父的长子，死后称"灵伯"（原作"零伯"），"灵"也是谥，可能即同簋的"虞大父"，同簋的

---

〔1〕陕西省文物局等《盛世吉金》，北京：北京出版社，2003年。
〔2〕李零《读杨家村出土的虞逑诸器》，待刊。

同可能是虞大父的弟弟；第六代远祖（铭文不叫"高祖"，而叫"亚祖"）是又一分支，[1]他是灵伯的次子，死后称"懿仲"，"懿"也是谥，他是逨的祖父；第七代是懿仲的第三子，即逨的父亲，死后称"恭叔"（"恭"原作"龚"）。这些祖先，只有惠仲盠父以下比较直接。特别是懿仲、恭叔，他们是逨的直系祖考。这并不是逨的完整世系，它只列举了自己的祖考，以及其祖考的先人，其中有令名垂于后世者。通过这种谱牒式的描述，我们不但可串连西周金文中的一批人名，而且可串连西周金文中的若干家族。例如，通过串连盠器和逨器，我们可以知道，单公下有益公和公叔两个分支，益公下有大仲这个分支，大仲（即新室仲）下有盠这个分支，盠下有虞大父（即灵伯）和同两个分支。逨即属于虞大父这个分支。

逨担任虞官，可能从盠就已如此，显然是世职。一般印象，虞是负责管理山林川泽，这没有错。但实际上，这个职官，其职能还要复杂得多，从铭文看，逨不但参与战争，还负责王室消费（"用宫御"），甚至和司法有关。逨为什么参加战争，似不好理解，但我们看其祖先盠的铜器，就会明白，这当与周王的马政有关。盠在昭、穆之际，曾在厈为周王驯马。[2]出土盠驹尊（两件），本身就是按马驹的造型来铸造，铭文也是讲驯马和赐车；盠方彝（两件）和盠方尊（一件），铭文是记周王册命盠，也是命他"司六师王行三有司：司土、司马、司工"，并兼管"六师、八师艺"。"六师"是拱卫其西都和中都（岐周和丰、镐）的军队。"八师"是拱卫其东都的（成周）的军队。他的职责，显然与战争有关。我们明白此事，就能理解，逨为什么会参加战争。其实，文献记载讲得很清楚，虞不仅管山林川泽，还负责驯养鸟兽，养马也是其中很重要的一项。养马的虞也叫"驺虞"。周昭王和周穆王，是西周鼎盛时期，大肆对外扩张的两个代表人

---

[1]铭文"高祖"可指"亚祖"以前的任何一代远祖。"亚祖"是分家立族的标志。《史记·周本纪》记西周先祖有"高圉"、"亚圉"或与此有关。
[2]铭文称"执驹"，"执驹"见《周礼·夏官·校人》，是一种羁绊马驹，令之驯服的办法。

物，昭王南征，穆王西征，马都是重要手段。所以，我们推测，盠也是一位虞官。他与《穆天子传》中为周天子驾八骏的造父等人约略同时，是个比较重要的人物。

说到虞的职责范围，我还有一个考虑。它负责王室消费，应与后世的少府相似。少府负责王室消费，资源所出是山林川泽、皇家苑囿和官营工商业，这些均与虞的职能范围有一定关系。逑器说述负责王室消费，比较容易理解，但和司法有关为什么？我的考虑，可能就与官营工业（制造业和土木工程）在传统上大量使用囚犯和奴隶有关。另外，史颂簋的作器者史颂，他的父亲叫"恭叔"，和逑的父亲一样，也使人怀疑，他也是这一家族的分支。如此说不误，也很有趣。因为史颂虽改作史官，但周王任命他"官司成周贾，监司新造贾，用宫御"，是管商业。这里，值得注意的是，他的职责同样包含"用宫御"，看来也与王室消费有关。

虞和王室关系密切，周初，文、武谋臣有"八虞"（八个虞官），它的重要性应引起重视。

七、虞逑诸器的发现：𢍏邑的再认识

我们说的虞逑诸器，出土地点在陕西眉县县城北面的杨家村。这一带，曾出土过三次铜器，一次是1955年，在杨家村东的李家村（和杨家村属于一个大村）出土过五件铜器，两件是马驹形的盠驹尊，两件是方彝，一件是方尊，作器者即虞逑的祖先惠仲盠父；一次是1972年，在杨家村北出土过一件大鼎，作器者名"旟"，器形是康王时的典型器形，铭文是记王姜（康王的王后）赐土田于作器者；一次是1987年，也是在杨家村（距离前者的发现地点只有百余米），出土过虞逑的三套编钟和一套编镈，共十八件。这次的发现已经是第四次。它们除1972年发现的大鼎，其作器者的身份还有待进一步确认，其他都是属于同一家族（如果1972年的发现也属这一家族，其年代应相当于新室仲）。它使我们怀疑，杨家村遗址一带很可能就是这一家族的居住地。而且在遗址东面的李家村一带，也确实有西周时期的居住遗址（发现过西周的板瓦）。[1]

杨家村遗址是位于眉县县城北部。眉县全境基本上是在渭河南岸，渭水北岸只有沿铁路走向的马家镇（旧眉站）和常兴镇一带。杨家村即位于马家镇的北面。现在经调查，眉县境内的西周遗址有多处，渭水南岸，主要在第五村、城关、金渠镇、小法仪乡、槐芽镇、青化乡附近；北岸，主要在杨家村一带。杨家村遗址是背原面河，即位于周原的南坡，渭河的北岸，在河岸的二级台地上，略微高起。我很怀疑，盠为周王"执驹"的地点，即厈（原从广从干从攴，他器多从广从干）、豆（原加口在下）二邑，它们可能就在这一带。

大家都知道，西周金文中，厈是反复提到的都邑。[2]它的位置在哪里？这很重要。过去卢连成先生曾考证过这一问题。[3]他注意到，在盠器中，厈是个养马的地方，而且昭王南征，很多册赏都在此地举行，它与豆也比较接近，散氏盘提到的"豆新宫"，就是豆地的宫殿（"新宫"当是比较后起的宫殿）。这是很好的思路。他说，厈是水草丰茂，适于养马的地方，这点也很合理。但他说，厈是"汧、渭之会"，即秦祖非子为周孝王养马的地方，在今宝鸡，也许还值得进一步考虑。

我觉得卢先生的想法很有启发，但现在考虑，还有一个可能，厈就在今眉县境内。为什么呢？我想讲三个理由：

---

[1] 承陕西省眉县文化馆刘怀君先生告。
[2] 见《殷周金文集成》，第10册，北京：中华书局，1990年，5402、5407号；第11册，北京：中华书局，1992年，5989、5992、6001、6002、6011、6015号；第15册，北京：中华书局，1993年，9303号；第16册，北京：中华书局，1994年，9895号。这里的"都邑"是指规模较大的城邑（古书叫"都"），不一定是国都（古书叫"国"）。
[3] 卢连成《厈地与昭王十九年南征》，《考古与文物》1984年6期，75—79页。

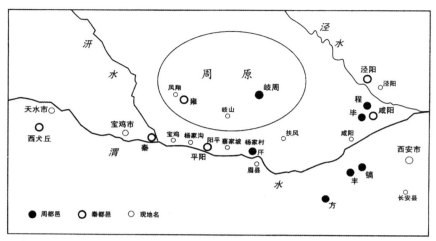

周秦都邑关系图（钟晓青 绘）

第一，从地理形势看，通常说的"周原"，即扶风、岐山一带，它和它西面的"凤翔原"是属于同一地理单元，即广义的"周原"，或古书所说"自古以雍州积高"的"雍"（《史记·封禅书》）。"雍"是隆起的意思。它西面是宝鸡，南面是岐山南境和眉县北境。如果到过那里，你会发现，从凤翔西行入宝鸡，原区会陡然下降，进入一片开阔地，即上所谓"汧、渭之会"。这个地方当然适合养马。但"汧、渭之会"的"渭"继续东流，穿过宝鸡杨家沟乡和阳平镇，穿过岐山县南境的蔡家坡镇，然后进入眉县，正好就是杨家村。它们是属于同一地形带（后者完全是前者的延伸）。这个地方也同样适合养马（当地一直有养马场）。[1]

第二，上面提到的地形带，遗址多在渭河两岸，而青铜时代的遗址多在渭河北岸（即渭水之阳）。如宝鸡杨家沟乡，有西高泉的秦国墓地（我

---

[1] 承陕西省眉县文化馆刘怀君先生告。

参加过这个墓地的发掘,报告尚未发表),出土过周生豆等西周晚期的铜器;太公庙遗址,出土过秦公钟、镈;阳平镇(即秦邑阳平所在),有侯嘴头东周遗址,也出过战国铜壶,这一带多是东周时期的秦遗址(也包含西周晚期的东西)。但由此东进,入岐山县境,则多为西周遗址,如蔡家坡镇,有蔡家坡和半坡两处西周遗址,都有西周早期的铜器发现。眉县境内的杨家坡遗址也是西周康王以来就有。我的印象是,渭水流经三县的北岸,西边的宝鸡,其"汧、渭之会"以东,主要是春秋遗址(秦遗址),东面的岐山和眉县,主要是西周遗址。我考虑,既然"汧、渭之会"是非子初封的秦邑(封于周孝王时),已经有名字在那里摆着,恐怕不会是厈的别名。我们把厈放在秦的东边,也更为合理。[1]

第三,盨器中的"厈"字,原从广从干从攴,他器多从广从干,我颇怀疑它是得名于"厈"或"岸"字。"厈",据许慎解释,是"厂"字的籀文,本义是"山石之厓岩"(《说文》卷九下厂部),其实就是"岸"的古写。它的得名很可能就是指原区的边缘或河水的崖岸。这与杨家村的地理形势非常吻合。我们考虑,厈很可能就是指周原的南坡,渭水的北岸。况且,从铜器铭文看,厈不但与岐周关系密切,也与莽京(即方)相去不远。康、昭时期的王后即"王姜"经常住在厈,它与狭义的周原,即岐周应当更为邻近,是其南下和东行的必经之路。我们把厈放在周原以南,而不是以西,从西周时期的都邑关系看,也比较合适。

说到厈邑的位置,我们还可以从西周地理的整个形势考虑一下。首先,早期国家,人口稀疏,控制范围是靠点线分布,即以交通干线上的少数城邑,串连若干聚落,向某些方向作有限延伸,这是一个规律。我有一个比方,周的岐周、丰、镐和成周,相当清的盛京、热河和北京,它们都

---

[1] 国家文物局主编《中国文物地图集》陕西分册,西安:西安地图出版社,1998年,上册,211—228、274—297、325—333页;下册,170—171、182—183、188—189页。

分布在我说的"三代王都线"上。其次，西周的发展和后来伐戎继周的秦是同一轨迹。秦人是从秦邑（今宝鸡的"汧、渭之会"）到西垂（即西犬丘，今甘肃礼县一带），然后返回秦邑，再经平阳（今宝鸡西高泉、太公庙和阳平镇一带）和雍（今陕西凤翔）向东发展，先到泾阳（今陕西泾阳），再到咸阳，[1]基本上是沿渭河东进。周人也是这样。很久以来，我有一个看法，周、秦都邑的分布，大体上是秦左周右或秦上周下，两两相随，如秦邑与周原是一左一右，平阳（今宝鸡阳平镇）与 㚟（在杨家村一带，我这样估计）是一左一右，雍邑（在今凤翔，即周的郑县）与岐周是一左一右（都在周原上），咸阳（与周的毕、程重叠）与丰、镐是一上一下（隔河相望）。

归纳以往的印象，我比较怀疑，西周都邑的排列，除岐周在黄土原区，它下面的都邑是按 㚟（在眉县）—方（与镐邻近，可能在户县）—毕（在咸阳）—程（在咸阳）—丰、镐（在西安市西），沿渭水，[2]自西向东，逶迤一线。㚟是周王降自周原，沿渭水东行，前往丰、镐的第一站。

另外，顺便说一下，过去，卢连成先生曾指出，㚟邑在西周金文中的出现是集中于康、昭时期，[3]这点也非常重要。因为杨家村出土的逨鼎和盨器，年代正属这一时期。

---

[1] 李零《〈史记〉中所见秦早期都邑葬地》，《文史》第 20 辑，15—23 页。
[2] "镐京"之"镐"，金文未见，过去以为"镐京"的"蒿"字，其实应读为"郊"，参看：李学勤《释郊》，《文史》36 辑，北京：中华书局，1992 年，7—10 页。又金文中的"荞"字，也不是"镐"，而是《诗·小雅·六月》"侵镐及方"的"方"，参看：其实刘雨《金文荞京考》，《考古与文物》，1982 年 3 期，69—75 页。刘雨指出，"方"与"镐"应当邻近，而且是在它的西面，比较合理。如果这一判断正确，则方的位置很可能是在今长安县的西面，即户县一带。
[3] 卢连成《㚟地与昭王十九年南征》。

八、余论：两个开放性的问题

在讲过上述三个发现之后，我感到，还有许多问题值得深入探讨，如：

（一）西周贵族的继承

研究西周历史，东周历史是重要参考。过去，研究《左传》，大家都很重视世族谱系的研究，其实对于西周，情况也一样，甚至更重要。因为中国的贵族社会，这一段最典型，离开世系的研究，将无法措手足。况且，西周金文，是家族铜器的铭文，本身就是这种关系的反映。它提到的周公、召公、祭公、虢公、毕公、单公、毛公、益公，荣伯、邢伯、定伯、琼伯、郑伯，以及尹氏、南宫氏，等等，很多还见于《左传》，东周时期仍活跃。前后的历史是连在一起。《左传》讲"并后匹嫡，两政耦国，乱之本也"（《左传》桓公十八年），很多问题在西周也肯定存在，只是程度不同而已。读《左传》，大家经常可以看到，这类问题的背后，特别是"两政"问题的背后，总有新、老贵族的残酷斗争。如《左传》一开头讲的虢、郑争政，就属于这一性质（这是诸侯纷争的序幕，乱子是从周王的身边，即他的内服王臣闹起）。虢是文王时就有的老贵族，郑是宣王时才露头的新贵族，他们打起来，对周王都很不客气。这类斗争不仅可以追溯到《春秋》以前的东周时期（前770—前722年），而且肯定有更早的来源。贵族社会总要从贵族关系入手。研究西周时期的贵族关系，有三个问题值得注意，一是王朝卿士或称"公"，或称"伯"，其称呼根据是什么？是不是年纪较大、地位较高才称"公"，长子继承才称"伯"？二是这些公、伯的儿子，除长子因袭旧职，其他人的官爵分配是什么样？哪些担任相关职务？哪些另派其他职务？哪些派往军事要地，担任外服诸侯（如周公次子封鲁，召公次子封燕）？过去，吴其昌编过《金文世族谱》。[1] 今后，

---
[1] 吴其昌《金文世族谱》，上海：商务印书馆，1936年。

这类工作仍有待深化。我们应对每一支重要贵族作跟踪调查，看看它有什么分支，前后的兴衰之迹如何，相互的结构关系怎样。这对判断西周历史的变化很重要。

（二）西周都邑的迁徙

现在，回顾上面讲过的问题，我想指出一点，西周的"天下"是由三大块构成，它取天下，是先得关中，次夺夏地，再并商地。关中所以封王臣，夏地所以建东都，封晋国，商地所以封宋、卫、齐、鲁、燕，这是基本结构。及其势衰，则先失本土。本土既失，乃避居东都，转而依靠外服诸侯。他搬到成周、洛邑，是以虢、郑为两翼，一左一右，拱卫京师，作内层保护，而以北面的晋国为外层保护，古人叫"晋、郑焉依"（《左传》隐公六年）。其实是回到夏人的故地。平王东迁，当然是一次大搬家。但规模较小的搬家一直就有。它的每一次搬家，都是诸侯护送，王臣跟着一起搬，在新都附近形成新的采邑区，甚至可能分封新的诸侯。所以，各支贵族（不是所有），在每个都邑周围可能都有自己的据点。西周的很多问题，特别是结构性的问题，也随搬家而转移，和东周的历史密不可分。它们的采邑和王都是什么关系？和诸侯是什么关系？这也是跟踪调查的内容。比如虢在宝鸡有，在三门峡有，丰、镐有没有？邢在丰、镐有，在宝鸡、周原有没有？它和邢侯是什么关系？这些都是值得研究的问题。当然，研究这一问题，我们要区别内服与外服，比如我曾指出，周之西土多王臣采邑，东土多诸侯封国；王臣只称公、伯，诸侯多称侯（东方的某些古国有例外，但西周分封的诸侯大体如此），就是规律。但平王东迁，其内服王臣也随之东迁，有大片封土，却与外服诸侯容易混淆。比如春秋初年的虢、郑，长期被当作诸侯，特别是郑，混淆尤甚。治《左传》者，向来也都把它列为诸侯。三门峡发现的东周初年的墓地，长期以来，也一直是叫"虢国墓地"。然而虢只称公，郑只称伯，而不称侯，他们是王朝卿士，《左传》讲得很清楚。我们把它们的封地也称为"国"就不太合适。过去，研究两周铜器，所据多为传世品，现在有一大批新的考古报告发表，[1]我们还来不及读，更谈不上做系统的消化。但光是粗粗浏览一下，大致对比一下，我们已明显感到，很多旧的认识已发生动摇。如果我们能对这些新材料作断代分域的研究，我相信，东周和西周的历史，中间的脉络会更加贯通。

当然，值得研究的问题还很多很多，这里只是举两个例子。它是"余论"，而不是"结论"。这也是"开放的史学"必有的节目。[2]

附记：本文所附地图是由中国建筑技术研究院建筑历史研究所锺晓青先生绘制，谨致谢忱。又《文王有声》"既伐于崇，作邑于丰"，俞樾《古书疑义举例》已指出"于"即《史记·周本纪》"五年伐于"之"于"，陈梦家《殷墟卜辞综述》（北京：科学出版社，1956年）260页、《尚书通论》（北京：中华书局，1985年）58页也肯定了这种读法，并指出古书所说的"于国"或"邘国"就是甲骨卜辞中的"盂方"。

2003年4月11日写于北京蓝旗营寓所
（原载《中国学术》，2003年2期）

---

[1] 如：河南省文物考古研究所等编《淅川下寺春秋楚墓》，北京：文物出版社，1991年；北京市文物研究所《琉璃河西周燕国墓地》(1973—1977)，北京：文物出版社，1995年；洛阳市文物工作队编《洛阳北窑西周墓》，北京：文物出版社，1999年；中国社会科学院考古研究所编《张家坡西周墓地》，北京：科学出版社，1999年；河南省文物考古研究所等《三门峡虢国墓》第一卷，北京：文物出版社，1999年。此外，平顶山应侯墓地的报告也即将出版。另外，有些老报告，如中国科学院考古研究所编《上村岭虢国墓地》，北京：科学出版社，1959年；卢连成、胡智生《宝鸡强国墓地》，北京：文物出版社，1988年，也都应该重新阅读。

[2] 最后，回到"开放的史学"，我还想再说两句。读者可能会觉得，我的研究，家法有点乱。我承认，今天的学术研究都是分工体系下按部就班的知识生产（而且是产业化、集团化，已达到"四海无闲田"的地步），但我是把研究和干活分为两件事，不以为什么都得按自己的职业讲话，不允许越界和串行。我认为，真正的研究，都是以问题为中心，碰到什么解决什么，不懂不会了，就去请教别人或开发自我，该补什么补什么，而不是按学科的生产流程讲话。特别是在"三代考古"的研究上，我是"三代无学科"论（张光直先生的说法）。这也是我理解的"开放史学"的一个意义。

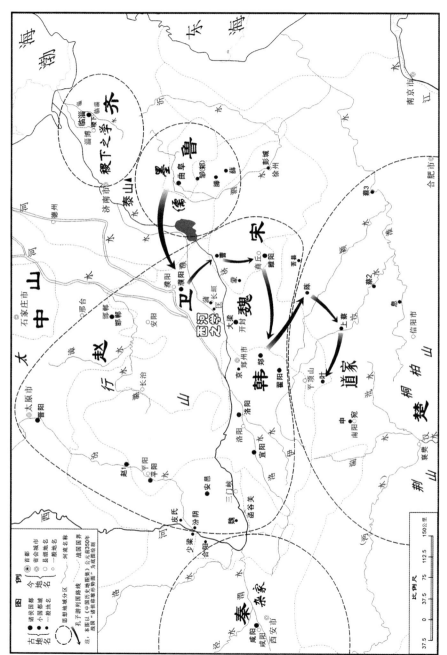

战国思想分域图（马保春 绘）

先秦诸子的思想地图
——读钱穆《先秦诸子系年》

我的讲话,只是篇读书笔记,读钱穆的《先秦诸子系年》。[1]我想从地理角度,重新思考一下先秦诸子的谱系,[2]讲讲我的心得体会。

一

(一)"十个手指头还不一般齐呢"

历史是个比较体系,有时间坐标,有空间坐标,年表和地理很重要。

考古也是个比较体系,器物有类型比较,文化有区系比较,横有横比,纵有纵比,就像地图上的经纬线。

美国的街区就是按经纬编序,你要找哪一家,经路(Avenue,竖街)纬路(Street,横街)两个号一卡,位置就出来了。

思想史也有这种坐标。

古人有缩天下于指掌的说法(《论语·八佾》)。思想,纵横比较,有如指掌图。十个手指头平行,都有两个关节,上中下三截,每截和每截有对应关系,但我们要注意,十个指头并不一般齐,互相对应的关节点,位置是错开来的,不是齐头并进,也不是齐头并退。

---

[1] 钱穆《先秦诸子系年》(全二册),北京:中华书局,1985年。
[2] 参看:傅斯年《战国诸子之地方性》,收入氏著《战国子家讲义》,天津:天津古籍出版社,2007年,25—36页。

历史比较，常有错位。"天涯共此时"，只是个手表上的概念。同一时间下的人可以有不同的历史，不同时间下的人可以有共同的历史。只有把空间的要素加进来，时间才会变得生机盎然、丰富多彩。

下面我要讲的，是先秦诸子的地域分布。分国分域，不是不要时间，而是把同一时间表下不同地区的关系，当作一种历时性的过程来考察，就像波浪，一浪推一浪。我是从分国分域的角度看时间问题，看它们在发展上的不平衡性。

总之，十个指头并不一般齐。

（二）大趋势：东学西渐

钱穆写过《先秦诸子系年》，我要谈的是"先秦诸子分域"。

《系年》主要订正《史记》的《六国年表》，给诸子排年。他的书很多，我最喜欢这本书。

现在我要说的是，讲思想，除了年代，地理也很重要。

我说过，华夏地理，要看三条线，一条是北纬41°线（长城线），一条是北纬38°线（过渡线），一条是北纬35°线（王都线）。早期中国，华夏各国的主要活动区是围绕最后这条线，上下各3°。它像一个横幅，可以剪成四大块：山东、河南（包括河北南部）、山西（包括河南西部）、陕西。

讲地理，讲自然地理，山、水是两大要素。

水："黄河之水天上来，奔流到海不复回"（李白《将进酒》）。这条大河，是把剪刀，竖着剪一刀，分出陕西、山西；横着剪一刀，分出河之北和河之南。小一点的河也重要。孔子教于洙泗，子夏教于西河，稷下学宫在哪里？在淄、系二水之间。

山：也是把剪刀。崤（崤山）、函（函谷关）以东是古人说的山东，以西是古人说的山西。这个山东是陕东（陕县以东），这个山西是陕西（陕县以西）。秦与六国是这么分。现在的山东是太行以东，山西是太行以西。太行也是一道屏障。它上面有八个出口（即所谓"太行八陉"），从这些出口出来，河北、河南、山东，华北大平原，除泰山独树其中，几乎是一马平川。泰山以西，是宋、卫、郑，泰山以北是齐，泰山以南是鲁。

中国古代的学术发展，从这幅地图看，从早到晚，大趋势是东学西渐，山东传河南，河南传山西，山西传陕西。

我把它分成六区：

（1）鲁地（今山东南部），是东夷故地。

（2）齐地（今山东北部），也是东夷故地。

（3）宋、卫、郑（今河南北部的东半），是商的故地。它处于南来北往的中心，好像现在的郑州或武汉，是古代思想的集散地。

（4）楚地（今河南南部，并延伸到今湖北、湖南），陈、蔡在东，叶、申、息在西，都是楚的势力范围。楚在北方，灭国设县，申公、息公、叶公、陈公、蔡公，大县的县公，地位非常高。这些地方也是楚。我们一说楚，很多人都以为是湖北、湖南。其实河南南部同样是楚。所谓楚人，很多都是河南人。老子就是河南人。

（5）三晋两周（今河南北部的西半和今山西南部），是夏的故地。

（6）秦地（今陕西），是周的故地。

三代的历史，春秋战国的历史，就是画在这个横幅上。

（三）司马迁笔下的思想史

研究思想史，《庄子·天下》、《荀子·非十二子》、《韩非子·显学》是入门，可惜太简略。《淮南子·要略》值得注意。它讲了四个国家：鲁、齐、韩、秦，线条有点粗，但意思已经有了。它已经用了分域的概念。还有《史记》，也是必读书。

《史记》，材料丰富，具有不可替代性，就是讲错了，都不容忽视。作思想史，没有《史记》怎么行？司马迁作《史记》，《竹书纪年》还没发现。现在作战国史，都是用《纪年》纠正《史记》。钱穆作《系年》也如此。《史记》有错误，主要问题是，各国记各国，彼此有矛盾。他试图把列国的纪年整合在一起，还不够完善。

研究思想史，要读《史记》，首先是《太史公自序》。自序讲司马迁的学术渊源，提到司马谈的《六家要指》。

有人说"先秦无六家"，《六家要指》是汉代的分类，不对。这个分类虽出自司马谈，但不是为汉代学术分类，而是为战国学术分类。分类是针对先秦古书。我们要知道，汉初，去古未远，讲学术，还是古典为主，今学为辅。司马迁的《史记》是大历史，不是断代史，框架是古代框架。《汉书·艺文志·诸子略》分九流十家，顺序有变化，种类有增加，但基础是《六家要指》。这就像李悝《法经》和汉《九章律》，《九章律》比六律多，但大框架还是六律。

六家，儒、墨是先秦固有的说法，阴阳、道、法、名也是存在差异的四大类。整理古代图书，不分类可以不管这类概念，一分类就要考虑这类概念。图书分类，类别有交叉，怎么办？不得已，有互见重出之法。我们不能说，分类不周全，就不用分类。

六家的顺序，《太史公自序》有三种排列：

（1）阴阳、儒、墨、名、法、道。

（2）儒、墨、法、名、道、阴阳。

（3）阴阳、儒、墨、法、名、道。

三种分类，不管怎么排，都是由三大类组成：儒、墨是一类，法、名、道是一类，阴阳是一类。它和《天下》的叙述顺序很接近。但《天下》没有阴阳家，它加了阴阳家。即使这一家，也不是汉代的发明。

战国学术，儒、墨是显学，年代最早；法、名、道、阴阳大行，主要是战国中晚期。

《汉志》的六家，是按儒、道、阴阳、法、名、墨排列，和《六家要指》不一样。这个顺序倒是有点接近汉代的理解。汉代，儒、道、阴阳才是显学，法、名、墨已经衰落。法家只剩一个汉人（晁错），名家只剩两个秦人（成公和黄公），墨家一个秦汉人都没有。汉代没有六家，只有三家。

六家的分类，涉及方法问题，这里不能详谈。我只强调一点，转述是个复杂的过程。儿子讲爸爸的想法，其中肯定有儿子的理解，肯定有追述的误差，甚至可能包含曲解，有意或无意，但这不等于说，两者可以画等号。儿子转述爸爸的话，虽不必等于爸爸的原话，但也不能说就一定是儿子的话，什么都是他编出来的。

其次，《史记》有《孔子世家》。先秦诸子，只有他一人进世家。孔家，秦代倒霉，汉代平反。孔鲋跟陈胜造反，是被逼无奈。刘邦临死，给他们平反，都追认为烈士。《孔子世家》是和《陈涉世家》并列，他们都享受王侯级待遇。这是独尊孔子。

除《孔子世家》，司马迁的三十列传，有12个和先秦学术有关，人物达111人。汉代习惯，一人可以叫一家，一书可以叫一家，《汉志》有这种用法。它已经有"百家"。我为什么说《史记》重要？就是因为它提到的人物最多，"百家争鸣"的"百家"，只有它说出个轮廓。

（1）《管晏列传》（管子、晏子），涉及《管子》和《晏子》，《管子》和道、法有关，《晏子春秋》和儒、墨有关，都是齐系统的书。

（2）《司马穰苴列传》（司马穰苴），涉及《司马法》。《司马法》是齐系统的兵法。

（3）《孙子吴起列传》（孙武、孙膑、吴起），涉及《吴孙子兵法》、《齐孙子兵法》和《吴起》。前两种是齐系统的兵法，后一种是魏国的兵法。

（4）《老子韩非列传》（老聃、关尹、庄子、申不害、韩非），讲道家和法家，全是河南人，老聃是楚人，庄子是宋人，申不害、韩非是韩人。

（5）《仲尼弟子列传》（孔门七十子），讲第一代儒学。"七十子"是77人。他们，籍贯可考者，鲁人占44人，齐人占7人，卫人占5人，其他

先秦诸子的思想地图　79

国家，每个国家只1人，顶多2人。鲁、齐、卫是孔子活动的主要范围。

（6）《商君列传》（法家的传）。商鞅是卫人，在魏、秦做事。

（7）《苏秦列传》（纵横家的传）。苏秦是东周洛阳人，游学于齐，师鬼谷子，学太公术。

（8）《张仪列传》（纵横家的传）。张仪是魏人，与苏秦同学。

（9）《孟子荀卿列传》（七十子之后，与孟、荀先后的诸子杂传）。凡17子：孟轲（邹人）、邹忌（邹人）、邹衍（邹人）、淳于髡（齐人）、慎到（赵人）、环渊（楚人）、接子（齐人）、田骈（齐人）、邹奭（邹人）、荀卿（赵人）、公孙龙（赵人）、剧子（赵人）、李悝（魏人）、尸子（楚人）、长卢（楚人）、吁子（"齐之阿人"）、墨翟（"宋之大夫"）。注意，它是把墨放在最后。其中邹衍、淳于髡、慎到、环渊、接子、田骈、邹奭、荀卿是稷下先生。

（10）《吕不韦列传》（杂家的传）。吕不韦是卫人，"阳翟大贾"。

（11）《鲁仲连邹阳列传》（儒家的传）。鲁仲连是齐人。

（12）《李斯列传》（法家的传）。李斯是"楚上蔡人"。

但司马迁也有遗漏，比如有四个人他没提到：宋钘、尹文、彭蒙、惠施。这四个人相当重要。

（四）籍贯问题

现在填表，有"籍贯"和"出生地"。两者越来越不一致。居住地也经常换，甚至可能漂洋过海，移居海外。比如我，国籍中国，老家是山西武乡，出生地是河北邢台，居住地是北京。

希腊、罗马，凡是小国变大国，都有移民问题，都有公民身份的认定问题。

公民身份，我国古代有什么规定，值得探讨。

我们从睡虎地秦简的秦律发现，秦国的公民身份是母系认定，只有妈妈是秦国人，在秦国出生，才算秦国人。孔子，祖籍宋国，宋国是他爸爸的老家；鲁国是他妈妈家。他有两个祖国，motherland和fatherland还不一样。

古玺印和楚简都可以证明，战国时期，姓氏分布已经乱了，每个国家都有很多外来户和客卿。

研究诸子，也有这个问题。同一个人，他算哪个国家的人，古书可能有不同记载，有的是说他的祖籍，有的是说他的出生地，有的是说他的居住地。古人有以封地和居地命氏的习惯，住的地方换了，连氏都跟着变，一个人可以有好几个氏。

比如孙武子，祖籍是齐，入吴为客卿，人称"吴孙子"。

比如商鞅，祖籍是卫，后来在魏国、秦国当官。古书提到他，既作"卫鞅"，又作"商鞅"，楚简提到他，是作"秦客公孙鞅"。

先秦诸子，游学、游宦是特点。他们是一种流动人口。

流动的走向是大国。现在有"傍大款"，那时是"傍大国"。战国晚期，有"养士"的风气，干脆把他们包养起来。

孔子周游列国，目的就是"傍大国"。

35岁，他上洛阳、临淄，临淄相当现在的济南，洛阳相当现在的北京。

55岁，他上卫国，卫国就在黄河边，过河就去了晋国。他很想去晋国，但没人请。

60岁，他从卫国南下，想去楚国。

62岁，在陈国，他动过念头：是不是改去晋国，被子路拦阻。

63岁，他在楚国北境见叶公子高，想去楚国。见面前，叶公子高先跟子路打听，子路说话不得体（估计全是大实话），孔子埋怨他，你怎么不跟他讲，你的老师并不老，他"发愤忘食，乐以忘忧，不知老之将至云尔"（《论语·述而》）。

古人一般活不过50岁。孔子51岁才当官，仕途不顺。现在，高校引进人才，一般不超过50岁。63岁就该退休了。叶公嫌他年龄大。

春秋晚期，晋、楚是超级大国。他真正想去，是这两个国家，没去成。

孟子也转过不少国家,是个国际学者。战国早中期,齐、魏是强国,孟子见过齐宣王和魏惠王。荀子也是国际学者,哪个国家都去。更不用说苏秦、张仪。

现代知识分子,也有流浪者。康有为有个印,印文作"维新百日,出亡十六年,三周大地,游遍四洲,经三十一国,行六十万里"。

傅斯年说,"四海无家,六亲不认"。

萨义德说,"背井离乡"是知识分子的特点。

先秦诸子,都是"乱说乱动"。我们不要忘记,他们的一大特点就是"游"。

"游",当然和地理有关。

(五)"分区为论"的重要性

《系年》,不光为诸子编年,也考其他人物的年,不光考其他人物的年,也考很多事件的年。它的工作重点是"年"。

在自序中,钱穆把子学分成四期,一期一卷:

(1)萌芽期(春秋晚期),"首卷尽于孔门",是孔子和七十子的时代,完全讲儒。

(2)酝酿期(战国早期),"起墨子,终吴起","西河之学"(儒学法术派)大盛,"儒墨已分,九流未判,养士之风初开,游谈之习日起"。

(3)磅礴期(战国中期),"起商君入秦,迄屈子沉湘","稷下之学"大盛,"学者盛于齐魏"。"百家争鸣",主要是这一段。

(4)归宿期(战国晚期),"始春申、平原,迄不韦、韩、李",荀、老大盛,阴阳五行说和刑名法术之学很流行。

钱穆说,"先秦学术,惟儒墨两派","墨启于儒","法源于儒","道启于墨","阴阳为儒道通囿,名家乃墨之支裔,小说又名之别派",这话可以讨论,但他说,"诸家之学,交互融洽,又莫不有其旁通,有其曲达",无疑是对的。

先秦各派,错综复杂,你中有我,我中有你,只有从流动中才能理解。钱穆说,"分家而寻,不如别世而观;寻宗为说,不如分区为论。"他的讨论就是属于"别世而观",我的讨论就是属于"分区为论"。

二

现在,让我们打开这幅地图,轻舒慢卷,从右往左看。

我们先说山东。

山东分齐、鲁、莒三块,上博楚简《容成氏》讲九州,夹州、竞州、莒州,就是讲这三块。两分,则是齐、鲁。这个地区,土著是东夷小国,齐、鲁是来自周地的移民。

(一) 鲁地

鲁学,特色是儒、墨。儒、墨出于邹、鲁。《天下》称之为"邹鲁之士,搢绅先生"。邹是现在的邹城市,秦汉称驺或邹(当地出土的始皇诏量,都有"驺"字印),本来叫邾。鲁是现在的曲阜市。邹、鲁的南边,现在的滕州市和枣庄市,还有薛、滕和小邾国。邹鲁绅士的特点是喜欢讲礼。东周,谁最保守? 宋、鲁。宋是殷遗,鲁是周后(周公的后代)。拘守旧礼,不仅是宋人的特点,也是鲁人的特点。

华纽工程,"文化标志城",就是把这一大片圈起来,投资300亿,建中国的"耶路撒冷"。

(甲) 儒家

孔门弟子,七十子是第一代。所谓"七十子",不是72人,而是77人。《论语》提到29人,其中最重要,只有13人。耶稣有十二使徒,孔门有十三贤。十三贤全都没书,只能看《论语》和其他古书中的故事。

《汉志》的《诸子略》,各家开头都有一本或几本装饰门面的老书,所托人物老,并不一定真老。年代是以人物定,分类是以内容定(刘向、刘歆有他们的标准)。儒家头一本书是《晏子》,就是这样的书。晏子是孔子佩服的政治家,但并不属于孔子代表的儒家。下面的书才是儒家。

《晏子》后面的四本书,和七十子有关:

孔伋:《子思》23篇("名伋,孔子孙,为鲁缪公师")。

曾参:《曾子》18篇("名参,孔子弟子")。

漆雕启:《漆雕子》13篇("孔子弟子漆雕启后")。

宓不齐:《宓子》16篇("名不齐,字子贱,孔子弟子")。

孔伋是孔老师的孙子,当然重要,但他是孙子,不是弟子,七十子中没有他。《史记·孔子世家》说"子思作《中庸》"。曾参属七十子,但辈儿最小,《曾子》亡,有不少佚文。漆雕启和宓不齐,也属七十子,书亡不存。《漆雕子》是漆雕启后人的东西。

七十子的学生,是第二代儒家,《汉志》儒家有5本书:

景子:《景子》3篇("说宓子语,似其弟子")。

世硕:《世子》21篇("七十子之弟子")。

魏文侯:《魏文侯》6篇。

李克:《李克》7篇("子夏弟子,为魏文侯相")。

公孙尼子:《公孙尼子》28篇("七十子弟子")。

魏文侯和李克是子夏的学生,他们属于"西河之学",详下三晋两周节的魏国。

更晚的书,还有一些,比较重要,是孟子、荀子和吁子的书,这三位都属于"稷下之学"或与"稷下之学"有关,详下齐地"稷下之学"节。

《显学》讲儒家八派,有子张之儒、子思之儒、颜氏之儒、孟氏之儒、漆雕氏之儒、仲良氏之儒、孙氏之儒、乐正氏之儒。这八个派别,子张、颜氏无书；子思有《中庸》；漆雕氏有《漆雕子》，早亡；仲良氏和乐正氏传曾子，《曾子》还有佚文，孟氏有《孟子》，孙氏有《荀子》。

（乙）墨家

儒、墨，战国早期是显学，《天下》和《显学》都把儒、墨排在最前面，但墨是从儒分出。墨是儒家的反对派，当然晚于儒。

墨徒魁首曰钜子。战国早期到战国中期，钜子之传凡五代：墨子—禽滑厘—许犯（＝孟胜？）—田系（＝田襄子、田鸠？）—腹䵍。墨子游于宋、楚。早期墨家是在宋、楚活动（如禽滑厘救宋，孟胜死楚，田襄居宋），晚期墨家是在秦国活动（如田鸠、腹䵍、唐姑果、谢子入秦）。

《汉志》墨家有6本书：

尹佚：《尹佚》2篇（"周臣，在成、康时也"）。

田俅：《田俅子》3篇（"先韩子"）。

我子：《我子》1篇。

随巢子：《随巢子》6篇（"墨翟弟子"）。

胡非子：《胡非子》3篇（"墨翟弟子"）。

墨翟：《墨子》71篇（"名翟，宋大夫，在孔子后"）。

尹佚先墨子，是"招牌菜"，不可能是墨家。《汉志》以此书居前，是向、歆、班氏的体例，无足深怪。可怪者，是它把墨子的书排在最后。

《显学》说墨分三派：相里氏、相夫氏、邓陵氏，《墨》十论分上中下，可能就是这三派的不同传本。它们和钜子之传是什么关系，还值得研究。

墨家很重要，对研究晚期的派别很重要。过去，郭沫若尊儒批墨批法，是以秦始皇比蒋介石。他把儒家说成革命派，把反对儒家的墨家和法家说成反动派。为了贬低墨家，他说"墨家有拥护嬴秦的嫌疑"。证据是什么？就是五代钜子，最后两代入于秦（田鸠、腹䵍）。[1] 李学勤先生也考

---

[1] 郭沫若《墨子的时代》，收入《沫若文集》第十六卷，北京：人民文学出版社，1962年，156—180页。

证,《墨子》的城守各篇是晚期墨家入秦后所作。[1]

去年,何炳棣老先生来北京,找了几个人,在社科院近代史所,听他讲他准备在台湾发表的演讲稿,我在场。他说,他跟他的老师,陈寅恪老师、冯芝生老师,观点不一样。他既不尊孔,也不尊法,最欣赏墨家。在他看来,墨家最讲道德,最讲科学,最擅长治国用兵之术,逻辑思维最严密,跟郭沫若的评价正好相反,什么都好。秦统一天下,一般都认为是法家的设计,但他却归功于秦墨。此一家之言也。

(二) 齐地

齐国学术最有名,是"稷下之学"。此学盛于威、宣,衰于湣、襄,论起点,不但比鲁国的"儒墨之学"晚,也比魏国的"西河之学"晚。战国早期魏最强,"西河之学"起。战国中期齐最强,"稷下之学"起。学术与国势,互为表里。

(甲) "稷下之学"

稷下学宫在齐都临淄(山东淄博市临淄区),是"齐国科学院",但"稷下之学"是国际学术。各国学者来游,儒、墨、道、法、名、阴阳,六家都有,可考者18人:

淳于髡(齐人):学无所主,有《王度记》。《礼记·杂记》孔颖达疏引刘向《别录》:"《王度记》云,似齐宣王时淳于髡等所说也。"

孟轲(邹人):鲁孟孙氏的后代。《汉志》儒家有《孟子》11篇("名轲,邹人,子思弟子,有列传")。钱穆作《稷下通考》,附《稷下学士名表》有他,打问号,作《孟子不列稷下考》,怀疑他不是稷下先生。

宋钘(宋人?):《天下》是与尹文并列,次于墨翟、禽滑厘;《非十二

---

[1] 李学勤《秦简与〈墨子〉城守各篇》,收入《李学勤集》,哈尔滨:黑龙江教育出版社,1989年,294—309页。

子》是与墨翟并列，估计近于墨家。其学与道家有关，似乎是个"墨—道家"。《汉志》小说家有《宋子》18篇（"孙卿道宋子，其言黄老意"）。

尹文（齐人）：曾与公孙龙同游稷下。他的思想和宋钘是一派，也近于墨家，但专长却在名学，和赵公孙龙属于一派，是位"墨—名家"。《汉志》名家有《尹文子》1篇（"说齐宣王，先公孙龙"）。

季真（齐人？）：《庄子·则阳》说，"季真之莫为，接子之或使"，"莫为"是无为，"或使"是有为。道家有无为派和有为派，他俩正好是一对。成玄英疏说，"季真、接子，并齐之贤人，俱游稷下"。

接子（邹人）：《汉书·古今人表》作"捷子"，《通志·氏族略四》说，"捷氏，邾公子捷菑之后，以王父字为氏"。《汉志》道家有《捷子》2篇（"齐人武帝时说"）。王念孙《读书杂志》卷五谓"武帝时说"四字是涉下文《曹羽》二篇班注而衍。

彭蒙（齐人）：《天下》说田骈"学于彭蒙"。成玄英疏说他"姓彭名蒙，齐之隐士，游稷下"。

田骈（齐人）：是彭蒙的学生。《天下》把彭蒙、田骈、慎到列为一派，属于法家。《汉志》道家有《田子》25篇（"名骈，齐人，游稷下，号天口骈"）。[1]

慎到（赵人）：著名法家，详下三晋两周部分。

环渊（楚人）：是楚道家，详下楚地部分。

王斗（齐人）：有"好士"说（属"尚贤"说），见《战国策·齐策四》，《汉书·古今人表》作"王升"。

颜斶（齐人）：有"士贵王不贵"说（属"尚贤"说），见《战国策·齐策四》。《汉书·古今人表》作"颜歜"。钱穆认为，王斗、颜斶是同一人。

---

[1]《汉志》道家，属于齐系统，除接子、田骈的书，还有《黔娄子》4篇（"齐隐士，守道不诎，威王下之"）。

児说（宋人）：名家，详下宋、卫、郑部分。

荀况（赵人）：著名儒家，详下三晋两周部分。

邹衍（齐人）：阴阳家的代表，《汉志》阴阳家有《邹子》49篇（"名衍，齐人，为燕昭王师，居稷下，号谈天衍"）、《邹子终始》56篇。战国时期，齐人好作海阔天空的怪迂之谈，原因是齐地临海，多神仙家。

邹奭（齐人）：也是阴阳家的代表，《汉志》阴阳家有《邹奭子》12篇（"齐人，号曰雕龙奭"）。齐有三邹子：邹忌、邹衍、邹奭，祖籍都是邹。

田巴（齐人）：应属名家，《艺文类聚》卷二三引《新序》，称"齐王聘田巴先生，而将问政焉"。《史记·鲁仲连邹阳列传》正义引《鲁仲连子》说，"齐辩士田巴，服狙丘，议稷下，毁五帝，罪三王，服五伯，离坚白，合同异，一日服千人"。

鲁仲连（齐人）：儒家，《史记》有传，正义引《鲁连子》说，他老师叫徐劫，"有徐劫者，其弟子曰鲁仲连，年十二，号'千里驹'，往请田巴曰……"。《汉志》儒家有《鲁仲连子》14篇（"有列传"）。[1]

另外《史记·孟子荀卿列传》述稷下学，提到"阿之吁子"。

吁子（齐人）：名婴。《史记·孟子荀卿列传》称为"〔齐有〕阿之吁子"，索隐引《别录》作"芈子"。《汉志》儒家有《芈子》18篇（"名婴，齐人，七十子之后"），前人都说，"芈"是"芋"之误（《汉书补注》卷三十），但怎么写错，没说清。案：齐国铜器，孟字所从的于旁类似羊。[2] 司马迁说，"自如孟子至于吁子，世多有其书"。此人是否也是稷下先生，不知道。我们从司马迁的说法看，他似乎是个年代比较晚的人。

稷下学士，或称"先生"，或称"博士"，或称"大夫"，特点是不当官，不治事，光坐而论道，他们是一批官僚化的学者，而不是学者化的官

---

[1] 此书之上有《徐子》42篇（"宋外黄人"），班固以此"徐子"为"外黄徐子"（见《战国策·宋卫策》"魏太子自将过宋外黄"），此人是否为徐劫，值得研究。

[2] 容庚《金文编》，北京：中华书局，1985年，338页：0784。

僚。先秦学术，"儒墨之学"是民间学术，很多人想当官而不得；"西河之学"是官方学术，学问用于当官；"稷下之学"介于二者之间，已经吃上官饭，但相对自由，实用色彩弱，学术色彩浓。

（乙）齐国学术，除"稷下之学"，还有三大名著

三大名著，是依托齐国的三大名人，两本放在道家开头，一本放在儒家开头，是这两家的"招牌菜"：

（1）依托齐太公：《汉志》道家有《太公》237篇（"吕望为周师尚父，本有道者。或有近世又以为太公术者所增加也"），包括《太公谋》81篇，《太公言》71篇，《太公兵》85篇。

（2）依托管子：《汉志》道家有《筦子》86篇。

（3）依托晏子：《汉志》儒家有《晏子》8篇。

苏秦（周人）、张仪学于鬼谷子（齐人），源头是《太公》。《汉志》纵横家有《苏子》31篇（"名秦，有《列传》"）和《张子》10篇（"名仪，有《列传》"）。今本《鬼谷子》是苏秦书，应归入这一系统。

（丙）三大兵书，也是齐国特产

（1）《汉志》礼有《军礼司马法》155篇。此书是"齐威王使大夫追论古者《司马兵法》而附穰苴于其中"（《史记·司马穰苴列传》），估计是稷下学子集体编纂。

（2）依托齐太公：《太公兵》85篇。

（3）孙武、孙膑：《汉志》兵权谋有《吴孙子兵法》（孙武）82篇图9卷、《齐孙子》（孙膑）89篇图4卷。

古人说，"齐人多诈"（《史记·平津侯主父列传》）。齐国，商业发达，兵法也发达，"齐国兵学甲天下"。[1] 兵学发达，也是齐国的特点。用兵和治国相通，兵家和法家都是琢磨人的学问，两者有不解之缘。兵法里面有

---

[1] 李零《齐国兵学甲天下》，《中华文史论丛》第50辑（1992年12月），193—212页。

哲学，讲人和人斗的斗争哲学。

三大名著、三大兵书，可能都与稷下之学有关。

(三) 宋、卫、郑

宋、卫、郑是商的故地，商业发达，政治也发达。战国，卫地归魏，郑地归韩，宋近于楚。东学西渐，东学南传，它是个过渡区。

孔子周游列国，主要是在河南的中部和东部转，基本路线是：卫（濮阳）—曹（定陶）—宋（商丘）—郑（新郑）—陈（淮阳）—蔡（上蔡）—叶（叶县）。

卫—曹—宋—郑段是北段，陈—蔡—叶段是南段。

2007年，我沿着孔子的足迹，走过他走过的路。我真没想到，他去过的地方，当年的古城，断壁残垣，多多少少，都有一些保留。这些古城，一般都很大，比后来在当地建的古城大。走过一圈我才明白，蔡还是上蔡，绝不是负函（负函说出崔东壁，钱穆从之）。

(甲) 卫国

卫是黄河故道摆动的地区。卫城，黄沙淤埋，沉睡地下，只是2006年才探明其范围。

卫，经济发达，人口众多，对孔子有吸引力。特别是"卫多君子"（《左传》襄公二十九年），让他很着迷。

孔子有两个得意门生，都是卫人：

子贡，传说是河南浚县人（当地多端木氏）。

子夏，传说是河南温县人。

子夏居西河教授，是战国早期的标志事件。

西河有两说，一说魏之西河，即龙门口下的黄河西岸，古皮氏（山西河津）、汾阴（山西万荣）对岸的夏阳（陕西韩城，也叫少梁）、郃阳（陕西合阳）一带；一说卫之西河，黄河故道流经匡、蒲（河南长垣）段的西岸。前者是秦、晋争夺的地带，后者是晋、卫争夺的地带。《水经注·河水四》是前一说（当地有子夏陵、子夏石室），钱穆疑之，提出后一说。

卫和魏，关系密切。魏失西河后，重心东移。公元前361年，魏惠王从安邑（山西夏县）迁都大梁（河南开封），卫之故地，除濮阳，多被魏国兼并，成为魏之"东地"。

魏学出于子贡、子夏，他们是卫人。子夏、吴起、商鞅也是卫人，由卫入魏。商鞅还由魏入秦。可见"西河之学"是源于卫。

（乙）宋国

宋也是黄泛区。宋城，黄沙淤埋，沉睡地下。1994—1997年，张光直教授领导的中美联合考古队在商丘寻找商汤所居的商，商没发现，却发现了宋城。汉睢阳城、宋南京城和明归德府，只是其东半的一部分。

宋近于陈、蔡。春秋晚期，楚灭陈、蔡，灭而复，复而灭，是楚的势力范围。早期墨家在宋、楚发展，道家也在宋、楚发展，主要活动范围是河南东部。

宋人是殷遗，特别守旧礼，认死理，在战国古书中，多半被描写成傻子，性格偏执古怪。

宋学，主要是道家和名家。

宋道家，代表人物是庄周，庄周就是怪人。

庄周：宋国蒙人（河南民权人）。《汉志》道家有《庄子》52篇（"名周，宋人"）。他推重老子，《老子》的故事主要出于他。老子是楚苦县（河南鹿邑）人。宋、楚，说起来是两个国家，但民权在商丘西北，鹿邑在商丘南，并不太远。

名家，也有两个宋人：

儿说：见《韩非子·外储说左上》、《吕氏春秋·君守》和《淮南子·人间》等书，最早提出"白马非马"论。

惠施：与儿说齐名，《汉志》名家有《惠子》1篇（"名施，与庄子并时")。

钱穆说"名出于墨",他们是否与墨辩有关,值得注意。

(丙)郑国

郑韩古城,保存状况极好,地面上还有16米高,比明清北京城还高(北城最高,只有12米)。2007年,我去新郑,重见这座古城,"别有一番滋味在心头"。郑韩古城的郭东门还在,门的缺口还在。"丧家狗"的故事,就是以此为背景。

郑国出过一个邓析,与子产同时。子产铸《刑书》,有如罗马的《十二铜表法》,是著名历史事件。邓析作《竹刑》,唱对台戏,被杀。[1]《汉志》名家有《邓析》2篇("郑人,与子产并时")。此书是《汉志》名家的第一部,是名家的"招牌菜"。刑名法术之学,邓析是老前辈,讲法家,讲名家,没人比他早。

公元前375年,韩灭郑,迁都于郑,郑入于韩。韩国有两大法家,申不害和韩非。申韩之术,或与邓析有关。

邓析的名辩,主要与狱讼有关。这种名学是刑名法术的别名。

(四)楚地

河南是道、法、名三家的摇篮(《史记·老子韩非列传》)。春秋晚期,河南南部属于楚的势力范围。楚人的特点是咄咄逼人,非常凶悍,但学术是另一种味道。

楚地多道家。《汉志》著录的道家书,很多都是楚人的著作,《老子》最著名:[2]

---

[1] 战国古书多说子产杀邓析,其实他是被驷歂杀掉,死于子产之后21年(《左传》定公九年)。参看:钱书《邓析考》(上册,18—20页)。
[2] 钱穆尊孔,在解构老子传说上狠下工夫,尽量把老子往后拖,虚化淡化。他把《老子》说成庄学大盛后才有,今有郭店楚简《老子》为证,太晚。参看:钱书《老子杂辨》(上册,202—226页)。他的《庄老通辨》(北京:三联书店,2002年),书名本身就很清楚:庄在老前。

老聃：楚苦县（河南鹿邑）厉乡（亦作"赖乡"）人，汉老子祠就在鹿邑。《汉志》道家有《老子邻氏经传》4篇（"姓李，名耳，邻氏传其学"）、《老子傅氏经说》37篇（"述老子学"）、《老子徐氏经说》6篇（"字少季，临淮人，传《老子》"）、刘向《说老子》4篇。

老莱子：其实是"老李子"，他与上老聃为同一人。[1]《汉志》道家有《老莱子》16篇（"楚人，与孔子同时"）。

关尹喜：老子出关的关是函谷关（在河南灵宝）。函谷关的关尹是秦吏。《史记·老子韩非列传》说，喜强老子著书，作"上下篇"，就是《老子》。《天下》把他与老聃并列，似乎是重要人物。《汉志》道家有《关尹子》9篇（"名喜，为关吏，老子过关，喜去吏而从之"）。

文子：《汉志》道家有《文子》9篇（"老子弟子，与孔子并时，而称周平王问，似依托者也"）。据定州八角廊汉简《文子》，"周平王"当作"楚平王"。

环渊：《史记·孟子荀卿列传》说环渊"著上下篇"。《汉志》道家有《蜎子》13篇（"名渊，楚人，老子弟子"）。《通志·氏族略四》说"环氏，楚有环列之尹"。

长卢：《汉志》道家有《长卢子》9篇（"楚人"）。

鹖冠子：《汉志》道家有《鹖冠子》1篇（"楚人，居深山，以鹖为冠"）。

孔子周游列国，自卫南下，碰见过几个隐士和狂人。河南南部，陈、蔡、叶一带是楚国的势力范围，据说就是这类人出没的地方。他们爱说怪话，孔子不以为忤，反而很欣赏，认为这些人才冰清玉洁，有夷、齐之风。他们，道德最高尚，但与世无争，也于世无用。

---

[1] 钱穆认为"孔子所见老子即老莱子"，认为老莱子之"莱"即"赖乡"之"赖"，"莱、李亦声近"。我也讨论过"李"字的楚文字写法（从"来"从"李"）。参看：李零《老李子和老莱子——重读〈老子韩非列传〉》，收入所著《郭店楚简校读记》，北京：北京大学出版社，2002年，195—202页。

2007年,我沿"孔迹"走,也有一些奇怪的见闻:

陈国故地,淮阳太昊陵前,是个精神病患者的聚会地点。

蔡国故地,上蔡古城是全国重点文物保护单位,其标志碑,雕刻精美,有两处被人合伙捣毁,也是精神病患者所为。据说,他们是当地的红卫兵,"文革"中精神失常,记忆还停留在"破四旧"时期。

叶县故地,有长沮、桀溺墓,旁边是个渡口,传说是孔子问津处。

(五)三晋两周

三晋,韩、赵、魏,主要在晋南和晋南邻近的豫西、豫北,还有河北南部。两周在河南洛阳市,被韩地包围。韩、魏姬姓,与晋同姓,赵是嬴姓在晋地者。

韩,初居韩原(山西河津),战国迁都平阳(山西临汾),后向豫西转移,迁都宜阳(河南宜阳)、阳翟(河南禹县)。公元前375年定都于郑(河南新郑)。

魏,初居魏(山西芮城),战国迁都安邑(山西夏县),占有河东和河西(黄河南段的两岸)。秦夺少梁后,向卫地转移。公元前361年定都大梁(河南开封)。

赵,初居赵(山西赵城),战国迁都晋阳(山西太原)。后向晋东南和河北南部发展。公元前386年定都邯郸(河北邯郸)。更晚,还向晋北和冀北发展。

春秋晚期晋、楚最强,"虽楚有材,晋实用之"(《左传》襄公二十六年)。战国早期魏最强。三晋有大国之风,最重法术。

(甲)魏国

有"西河之学",战国早期(魏文侯和魏武侯时期)最有名。当时的魏国,重心还在河东(晋西南)和河西(河东的对岸)。这种学术,以儒为道,以法为术,特点是"儒、法兼用",可称"儒—法家"。

魏文侯（魏人）：《汉志》儒家有《魏文侯》6篇。

田子方（齐人）：学于子贡，为魏文侯师。从姓氏看，似是齐人。他可能是子贡居齐时的学生。

段干木（魏人）：学于子夏，为魏文侯师，段干是魏邑。

李克（魏人）：也是子夏的弟子。《汉志》儒家有《李克》7篇（"子夏弟子，为魏文侯相"）。

李悝（魏人）：为魏文侯相。钱穆认为，与李克为同一人。李悝作《法经》6篇（《晋书·刑法志》、《唐律疏义》卷一），有"尽地力之教"（《史记·孟子荀卿列传》）。《汉志》法家有《李子》32篇（"名悝，相魏侯，富国强兵"）；兵家有《李子》10篇。

吴起（卫人）：卫左氏中人。先后学于曾申（曾参的儿子）和子夏。先入魏，为魏文侯守西河；后入楚，在楚国变法。楚悼王卒，在丧礼上，被楚大臣射杀。《汉志》兵权谋有《吴起》48篇（"有《列传》"）。他在兵家中，名气仅次于孙武。

此学源于子夏，并与子贡有关。子贡、子夏都是卫人，吴起也是卫人。看来，此学是从卫地传入。

还有两个人，可能也是魏人。

一是尸子，《汉志》杂家有《尸子》20篇（"名佼，鲁人，秦相商君师之。鞅死，佼逃入蜀"），"鲁"疑"晋"之误，集解引《别录》作"晋人"。《史记·孟子荀卿列传》说"楚有尸子、长卢"，可能是因为他逃秦入蜀，以蜀为楚。

二是尉缭，《汉志》兵形势有《尉缭》31篇，杂家有《尉缭》29篇（"六国时"）。今兵书有《尉缭子》，是以"梁惠王问尉缭"开篇，但《史记·秦始皇本纪》却提到"大梁人尉缭来见秦王"。

（乙）赵国

学术兴盛，比"西河之学"晚。其重要人物是慎到、荀况。他们都是稷下先生。

慎到，赵人，齐闵、襄之际游于稷下，是著名的法家。《天下》把彭蒙、田骈、慎到列为一派，法家有法、术、势三派，商鞅是讲法的代表，申不害是讲术的代表，他是讲势的代表。商鞅比他大，申不害比他小。《史记·孟子荀卿列传》说"慎到著十二论"。《汉志》法家有《慎子》42篇（"名到，先申、韩，申、韩称之"）。

荀况，赵人，齐闵、襄之际也在稷下活动，曾三次主持学宫，当学宫的祭酒，是战国晚期最有名的儒家。《汉志》儒家有《孙卿子》33篇（"名况，赵人，为齐稷下祭酒，有《列传》"）。

比慎、荀晚，还有三个赵人。

公孙龙：是有名的名家。《汉志》名家有《公孙龙子》14篇（"赵人"）。

庞煖：是楚道家鹖冠子的弟子。《汉志》兵权谋有《庞煖》3篇。钱穆认为，庞煖即《荀子·议兵》与荀子辩论的临武君。今本《鹖冠子》有"庞子"，见于《近迭》、《度万》、《王鈇》、《兵政》、《学问》，又有"庞煖"、"庞焕"，见于《世贤》、《武灵王》，或即《庞煖》书之遗文。

剧辛：事燕王喜，即《史记·孟子荀卿列传》提到的剧子。《汉志》法家有《处子》9篇（班固注："《史记》云赵有处子"），即此人。

赵学，儒、法、名、道都有。荀况的儒术有三晋色彩。

（丙）韩国

韩国学术是以申、韩名。韩与郑有关。郑有邓析子，讲刑名法术之学；有列御寇，是道家。

申不害：原来是郑国的京人（河南荥阳人），郑灭韩后，成为韩人。司马迁说，"申子学本黄老而主刑名"（《史记·老子韩非列传》）。他是法家三派之一，以"术"（御臣之术）出名。《汉志》法家有《申子》6篇（"名不害，京人，相韩昭侯，终其身诸侯不敢侵韩"）。

韩非：与李斯同学。李斯从荀况授"帝王之术"（《李斯列传》），他也学这一套。司马迁说，"韩非者，韩之诸公子也。喜刑名法术之学，而归本于黄老"（《老子韩非列传》）。他不仅学儒家，也学道家和法家。韩非使秦，被李斯、姚贾谗害，下狱死。《汉志》法家有《韩子》55篇（"名非，韩诸公子，使秦，李斯害而杀之"）。

韩国也重法，但不是"儒法兼用"，而是"道法兼用"，可称"道—法家"。司马迁之所以把老、庄和申、韩写进同一个传，就是因为这一点。

（六）秦地

秦地，与戎胡杂处，生存环境恶劣，其民最能吃苦，最能战斗。列国，秦国起步晚，缺乏原创性，但善于学习。人才是外来人才，学术是外来学术。秦国的敌人是魏国，秦国的老师也是魏国。秦国学术是以实用为特点。

秦国法家，商鞅、李斯最有名。

商鞅：也叫卫鞅。他是卫国公族的庶孽子孙，本来叫公孙鞅，商鞅是他在秦国封为商君后的叫法。他先入魏，事魏相公叔座，后入秦，事秦孝公。商鞅变法，是用魏法变秦法，新法多用魏法。废井田，开阡陌，可能是受李悝"尽地力之教"的影响。传《法经》于秦，也是李悝的发明。《汉志》法家有《商君》29篇（"名鞅，姬姓，卫后也，相秦孝公，有《列传》"），兵权谋有《公孙鞅》27篇。他既是法家，也是兵家。

吕不韦：卫濮阳人（《战国策·秦策》）。司马迁说他是"阳翟（韩邑，在河南禹县）大贾人"（《史记·吕不韦列传》），他以金钱为手段，助秦昭襄王立，聚游士宾客，编《吕氏春秋》。《汉志》杂家有《吕氏春秋》26篇（"秦相吕不韦辑智略士作"）。杂家是"百科全书派"，特点是杂抄众书，杂取众说。

李斯：楚上蔡人，与韩非俱事荀卿，学帝王术，学术背景也是三晋儒学和三晋法术。

商鞅是丞相，吕不韦是丞相，李斯也是丞相。

秦国的三大学者都是丞相，真是官气十足。

三

钱穆说，"昔人考论诸子年世"有三大毛病，一是"各治一家，不能通贯"，这是不讲系统；二是"详其著显，略其晦沉"，光注意名人名著，不顾其他；三是"依据史籍，不加细勘"，主要是迷信《史记》。关键是不讲辑佚，不讲辨伪，不讲考据，没有细活，也没有大局观。

我们看见的历史都是被简化的历史，真实的历史是什么样？肯定是一笔糊涂账，头绪纷繁，好像乱麻。历史学家，快刀斩乱麻，痛快是痛快，可惜历史不是这样。我们从身边的事想一想，不难明白。

说几个看似题外却是有关的问题。

（一）谁是真正的英雄

上述人物、上述著作，在历史长河中，有如大浪淘沙，很多人都被遗忘，很多书都已失传，就像血染沙场的将士，未能笑到最后。笑到最后，全是运气好，死里逃生的人。死了的是烈士，活着的是英雄。

书，运气好，有些还可能发现，靠考古发现。考古很神奇，它能"起死人于地下"，但考古也非万能。它的重要性在哪儿？并不是添枝加叶、添砖加瓦，而是给你点儿感觉，给你点启发，让你发现盲区，窥见全景，对已知未知、虚实表里，有个大致的估计。

《左传》上有句话，"豹闻之：太上有立德，其次有立功，其次有立言，虽久不废，此之谓不朽"（《左传》襄公二十四年）。这话很有名（估计是臧文仲的话），就是讲人能记住点什么。

孔门四科，德行是立德，言语、政事是立功，文学是立言。

道德高，像云彩，飘得越高，散得越快。孔门德行科，四人，颜回名气大吧？大家记住了什么？很可怜。四大道德家，全都烟消云散。

言语科，搞外交，搞政治，立功名于当世，也很风光。宰予，除了孔子骂他，我们还知道什么？子贡，要是没有《论语》，我们还知道什么？

事功很重要，也不容易被人记住。政事科，冉求本事大，但实在不是东西，子路才是条汉子。《论语》写他，次数最多，活灵活现，要是没有《论语》，怎么办？

子游、子夏读书多，但没有著作传世。没有著作传世，最吃亏。

"昔仲尼没而微言绝，七十子丧而大义乖"（《汉书·艺文志》），孔子不写书，七十子也没有著作传世，很遗憾。道统，孔曾思孟，是靠"四书五经"。中哲史，孔孟荀，是靠《论语》、《孟子》、《荀子》。古人最重身后名。身后名，有书没书可大不一样。

司马迁讲泰山鸿毛，"藏之名山，传之其人"（《报任安书》），宁肯去势，也要传世，道理就在这里。

孔门，谁最重要，我是说当时。平心而论，四个人。第一是颜渊，这是老师的评价，没商量。第二是子路，别看老师骂，最忠诚，最勇敢，保护老师，离不开他。第三是子贡，孔子死后，他掌门，鲁国贵族毁老师，说他比老师强，谁来辩诬，只有他。第四是子夏，西河之学源于他，汉代经学源于他，对后世影响最大。

论资历，论贡献，论老师的评价，曾子没法跟他们比。

曾子辈分最晚，思、孟更是后学，根本不属于七十子。

研究中国思想史，大家看重书。书，看重论说体。简帛古书，《五行》、《性自命出》、《老子》、《恒先》，大家觉得，书，只有写成这样，才叫哲学，才叫思想。再大的思想家，没有书，或虽有书，不会讲大道理，难免被人遗忘。

(二) 子书文体

子书文体，分三大类：

(甲) 故事类（侧重事）

形式类似后世的纪事本末体。每个故事是独立的，有人物，有事件，说话是附带。

张政烺先生为马王堆帛书《春秋事语》题名，用了"事语"这个词。《国语》就是这种书。《左传》就是利用各种事语，按《春秋》系年，给我们讲故事。这种故事书，现在越出越多，已经到了必须汇总研究的地步。传世文献，除《左传》、《国语》、《国策》，还有《韩非子》、《韩诗外传》、《说苑》、《新序》，也要汇总研究。

诸子是模仿史书。如有些子书干脆就叫"春秋"（如《晏子春秋》），甚至连形式都按春夏秋冬十二个月编排（如《吕氏春秋》）。讲故事是子书的一体。

故事分两种：

（1）历史故事。诸子游说，搬弄掌故。这些故事，只是谈资。比如《战国策》就是纵横家的谈资。《韩非子》的"说"（内外《储说》、《说林》）也是游说的资料。

（2）文学故事。比如《庄子》中的很多寓言就是属于这类故事。

(乙) 言语类（侧重语）

子书的特点，更大特点，不是讲故事，而是讲道理。特点是突出话语，淡化故事，人物少或没有。它分三类：

（1）语录体，分两种：

短章语录体，典型例子是《缁衣》。《坊记》、《中庸》、《表记》有点类似。它的最大特点是"子曰诗云"或"子曰书云"，没有其他人，没有其他话，多余的话一点没有。

长篇语录体（或记言体），开头有个说话人，下面没人或基本没人。如《孙子兵法》，每篇开头都有"孙子曰"三个字；《墨子》的《尚贤》等十篇，每篇开头都有"子墨子曰"四个字。《孙子》十三篇，除开头有个说话人，基本上全是论述。它只提到四个人，两个恐怖分子（专诸、曹刿），两个大特务（伊挚、吕牙）。他拿这四个人说事，是为了挑战道德。

（2）论说体，也分两种：

短章论说体，没有人，只有话，读其书，如入无人之境。典型例子是《老子》。《老子》押韵，类似赋。古代道论是采用这种文体。比如上博楚简《恒先》就是这一种。它有点类似语录体，但不引经据典，也没有说话人。搞中哲史，大家最喜欢这种书。

长篇论说体，也是没人或很少有人，只有话。比如《荀子》和《韩非子》，战国晚期的子书，就有不少这种文章。

（3）对话体，也分两种：

形式自然的对话体，对话比较自然，说哪儿算哪儿，更像故事中的对话。这种文章，战国晚期也很流行。比如《荀子·议兵》就是这种文章。

人为设计的对话体，以问题为主，设为客主问答，对话是编出来的。比如很多兵书和医书，就爱使用这种文体。汉代的赋也有这一种。

（丙）故事加言语类（事、语并重）

子书文体，上面所说，只是大概分一分，实际上，很多都是既有故事，又有言语，人也有，事也有，话也有。比如《大戴礼》和《礼记》，就是多种文体都有。

子书是"诸子百家语"。这种"语"，有些是以短见长，所谓篇，只是由短章杂凑，一本书没多少篇，5000字就一本书。比如《孙子》和《老子》，都只有五千多字。还有些，是鸿篇巨制、长篇大论。比如《管子》、《庄子》、《荀子》、《韩非子》、《吕氏春秋》，都是当时的丛书。我们看《汉志》，上百篇的大书都有，比如《太公》有237篇，《司马法》有155篇。

《论语》也是"语"，过去多称为语录体。其实它是什么体都有。既有人，也有事，既有最短的语录，也有长一点的对话（如《论语·先进》的"四子言志"章）。它的特点是人多，全书算下来，有156人。人多好，适合作历史研究，研究诸子，哪一门哪一派有这么好的资料？没有。读《论语》，不讲历史，空谈性理，如入宝山空手归，岂不可惜。

《论语》和什么书像？《世说新语》。《世说新语》，原来叫《世说新书》，最初不以"语"名。但它和"语"的传统有关，和刘向有关。刘向整过《国语》，写过《说苑》《新序》，对历史掌故很熟悉。这些掌故就是"语"。此书头四门就是以"四科"为题。《孔子家语》，讲孔家的事，也是"语"。

古代的"语"，还有成语格言之一体，比如《大戴礼·武王践阼》的"戒书"，包括12种铭文：席铭、机铭、鉴铭、盥盘铭、楹铭、杖铭、带铭、履屦铭、觞豆铭、剑铭、弓铭和矛铭。其中"与其溺于人也，宁溺于渊"，就被中山王大鼎的铭文引用。这些铭文，多属格言，古人叫"语曰"的"语"是这种"语"。《逸周书》和《太公》有这类东西。《孔子家语》的"金人铭"属这一类。这种"语"是一种典故，典故烂熟于胸，才能游说。还有谜语或歇后语类的"隐语"，也是一种"语"。

丛谈琐语、小说笔记，都有搜罗掌故以备查询的功用（类书也有这类功用）。子书是干什么用的？最初是供游说，其实是干禄书。

（三）从故事研究诸子的重要性

古代思想家，有些写书，有些不写书，就像名将，很多都是神机妙算，但没有书。研究军事，只读兵书，不读战史，始终是门外汉。研究思想，只读其书，不见其人，或不想了解这个人，在古人看来，也是不可思议。

先秦诸子是"百家争鸣"。上述人物，有一百来号人。这么多人，五湖四海，什么地方的人都有。但我们能记住点什么？很可怜，掐指一算，也就"十几个人，七八条枪"，所谓思想史只是一个简化到不能再简的历史。

我心中的思想史，不是这样的思想史。

古人治史是从人入手。他们尊师重道，首先看重的是人。他们从老师学，首先是学老师的为人。老师教学生，身教重于言传，言传重于书本。这是古人的天真淳厚之处。

古人看重功德，功德在于当世。追求不朽，垂之永久，靠什么？靠的是书。读书，不能光看言语，也要看故事。看故事是为了看人。没有人，思想和人就分家了。

《论语》的长处是文学性、故事性。它的好处是人多，可以勾勒孔子的生平，可以再现孔门师生的群像。

比如孔子的学生谁最重要，上面说了，颜渊、子路、子贡、子夏。他们都没书，只有故事留下来。没有故事，这些最优秀的学生就被埋没了。我们的思想史就只剩"道统"，只剩颜曾思孟，只剩"圣人史"。

颜、曾、思、孟，颜回无书，很吃亏。曾子有佚文，子思有《中庸》，《孟子》有今书七篇，都比他吃香。

宋以来的辨伪学，对先秦诸子大扫荡。百家只剩下一家，儒家只有道统版。孔孟之道代替孔颜之道，很可怜。

焚坑，不只秦始皇，历代都杀异议人士，历代都禁违碍之书。

朱元璋是老粗，孟子讲"民贵君轻"，得罪"今上"，"亚圣"都得开除，更不用说其他人了。

知识分子，偏见也不少。

儒家是汉代翻身。他们恨秦始皇，所以恨韩非、李斯；恨韩非、李斯，所以恨李斯的老师。苏东坡说，焚坑之祸，罪在荀卿。老师是跟学生倒霉。荀子跟思、孟作对，是犯了思想罪。思、孟什么人？二等圣人。明代儒生说，有荀无孟，有孟无荀，把他也开除了。

孔庙之中，什么人都有，就是没有荀子。荀子平反，那是近代。

孔庙还开除过一个人，是出卖师门的公伯缭。

其实，孔门的"犹大"，不是公伯缭，而是冉求。孔门出过"三大管家"：子路、仲弓和冉求。冉求给季氏当管家，时间最长、最投入，简直就像肉包子打狗，一去不回。他眼里没有老师，只有领导，趋炎附势，为虎作伥。难怪老师说，他不是我的学生，"小子鸣鼓而攻之可也"（《论语·先进》），叫同学揍他。孔子死了，他忙什么，还是衙门里的事。

子贡和冉求相反。老师死了，发丧是他，守庐是他，满朝权贵骂老师，捍卫老师的还是他。对比冉求，你才能看出子贡的了不起。

（四）周太史儋的预言

孔子走过的路，遗产是什么？他去过周、齐、卫、曹、宋、郑、陈、蔡和叶，想去晋，想去楚，都没去成。但他的学生，却把他的思想传播四方。特别是他在卫国招收的学生，在这方面功劳最大。他在楚地碰到的隐士和狂人，也让人想起道家的大本营——河南。

然而，他胜利了吗？没有。

读《史记》，有个预言很重要：

> 烈王二年，周太史儋见秦献公曰："始周与秦国合而别，别五百载复合，合十七岁而霸王者出焉。"（《史记·周本纪》）

> （献公）十一年，周太史儋见献公曰："周故与秦国合而别，别五百岁复合，合十七岁而霸王出。"（《史记·秦本纪》）

> 后四十八年，周太史儋见秦献公曰："秦始与周合，合而离，五百岁当复合，合十七年而霸王出焉。"（《史记·封禅书》）

> 自孔子死之后百二十九年，而史记周太史儋见秦献公曰："始秦与周合，合五百岁而离，离七十岁而霸王者出焉。"（《史记·老子韩

非列传》)

这个"分久必合,合久必分"的预言很有意思,最能说明两周时期的大趋势。

我们要注意:

(1)秦人的故乡是曲阜,曲阜是"少昊之虚",嬴姓的圣地。商周之际,秦人的祖先是随商王西征,支边戍边,去了大西北。入山西者是赵的祖先,入陕西者是秦的祖先。

(2)周人的故乡是周原。周公东征,殖民东方,鲁国是建国于"少昊之虚"。它和秦人的祖先,正好掉了个个儿。鲁国变成了姬姓的国家。

(3)周孝王封非子于"汧渭之会"(凤翔原下的河滩地),始称秦,就在周原旁边。两国作邻居,长达一百多年。

(4)公元前771年,周人弃土东逃,把西土留给秦人,这是东周的开始。秦人是沿着周人的足迹,重新回到东方。这次历史性的回归,用了500年的时间。

孔子的复古之梦是"周公之梦",他想恢复西周盛世。然而,他万万料不到的是,谁是西周的"遗嘱继承人"?是秦始皇。

周人的文字,是由秦来继承。周人的大一统,也是由秦来继承。

秦始皇,金戈铁马,席卷天下,是从西往东打。但是天下初定,制礼作乐,齐鲁的书生却是自东往西跑。秦始皇巡游海上,最迷山东。山东书生,献计献策,也最迷陕西。

先秦历史,武化革命,自西向东;文化革命,自东向西。

这是耐人寻味的大趋势。

2009年3月6日写于北京蓝旗营寓所
次日下午3点30分在清华大学历史系演讲
(原载《何枝可依:待兔轩读书记》,生活·读书·新知三联书店,2009年)

唐五岳四渎镜

此图为梁鉴提供。纹饰：外环八卦、十二生肖，中为方泽坛。方泽坛被曲水环绕，象征四渎。曲水外的四座山加镜纽一座山，象征五岳。铭文："天地成，日月明。五岳灵，四渎清。十二精，八卦贞。富贵盈，子孙宁。皆贤英，福禄并。"外环八卦是后天八卦，十二生肖即十二精。

隋萧吉《五行大义》引《黄帝九宫经》以五岳四渎配《禹贡》九州，并按后天八卦的九数排序，是一种横竖斜相加皆十五的幻方，正与此合。其文曰："一主恒山，二主三江，三主太山，四主淮，五主嵩高，六主河，七主华山，八主济，九主霍山。又一为冀州，二为荆州，三为青州，四为徐州，五为豫州，六为雍州，七为梁州，八为兖州，九为扬州。"画成九宫图是像右面这样：

六 河 雍州	一 恒山 冀州	八 济 兖州
七 华山 梁州	五 嵩高 豫州	三 太山 青州
二 三江 荆州	九 霍山 扬州	四 淮 徐州

岳镇海渎考
——中国古代的山川祭祀

中国有个老传统,祭岳镇海渎,从秦汉到明清,历朝历代都祭。这种祭祀,属于皇家祭祀,皇帝没了,自然也就中断了。现在,庙毁得差不多了,但山川还在。在这篇文章中,我想跟大家聊一聊,从文献记载,从考古发现,从实地考察,讲讲这个问题的来龙去脉,让大家在凭吊山川之余,也能唤起一段历史回忆。

一、山川代表"天下"

"天下"是中国古代的"世界"。"世界"是佛教用语。"世"指时间,"界"指空间。日本人用这个词翻译西文的world,其实是外来语,我国古代,本来叫"天下"。

"天下"的意思是什么?是天底下。天底下是什么?是我们脚踩的大地。你坐飞机,从上往下看:山,高低起伏,水,蜿蜒曲折,就是这片一眼望不到边的大地。

山川是代表"天下"。"天下"这个词,看似平常,却暗示着一种视觉效果,一种在想象中居高临下俯瞰大地一览无余的效果。

中国的名山大川,有所谓"五岳五镇"、"四渎四海"。这十山八水是从千山万水中选出来的。选择标准是什么,值得研究。

如今的山川选秀,如《国家地理》的选秀,山多高,水多长,洞多深，滩多广，景色漂亮不漂亮，旅游价值如何，有很多指标。但古代的岳镇海渎不是这么选出来的。它的选择标准，不是自然标准，而是人文标准。大地上空，有一双特殊的眼睛。

我们要知道，人文标准是人的标准。人分男女老少，贫富贵贱，千差万别，它可是独一无二，不是百姓标准，而是帝王标准。

"天下"是"天子"的"天下"。普天之下，莫非王土：东南西北，所有的山，所有的水，全都归他所有。

这和动物可有一比。

动物，鹰隼盘旋于长空，虎狼啸傲于山林，鱼儿在水中嬉戏，蓝天白云下，马牛羊在埋头吃草，好像各得其所。然而，这个表面祥和的世界却杀机四伏，面对面的杀戮随时都会发生。

动物世界的"自由"是以"领地"为前提。你别以为，它走来走去，找棵树蹭蹭痒，抬起腿撒泡尿，只是释放一下，舒服一下，它可是在宣示主权呀：这是我的领土，庄严神圣，不可侵犯。

同样，帝王巡狩，也绝不是为了玩儿。他跋山涉水，到处立庙，到处刻碑，有重要的象征意义。他要大家知道，他是君临天下，无远弗届，无时不在，永远盯着你的主人。

更何况，他还要沿途视察，考察边防，考察政务，考察宗教，考察学术，了解各地的风土人情，见官员，见贤达，听汇报，发指示，就地解决问题。

这是最原始的领地控制法。

老虎是占山为王，草寇是占山为王，就是冕旒南面、万方朝拜的皇帝，也一样是占山为王。只不过他的山头特别大、特别多而已。

帝王走过的地方，也要做记号，让你一闻就能闻出帝王的味道。他自己也要检查这些记号，隔三岔五，几年转一圈。

岳镇海渎，就是这样的记号。

二、沙畹的眼睛很毒

20世纪上半叶是法国汉学的黄金时代，巴黎是世界汉学的中心。当时，大师辈出，沙畹（Émmanuel-Édouard Chavannes，1865—1918年）是一代宗师。他对中国文化涉猎广，研究深，无论学养还是成就，都可谓盖世无双。伯希和、马伯乐、葛兰言，这些大师级的国际学者皆出其门下；瑞典的高本汉，也是他的学生。

1889年，年轻的沙畹第一次来北京，就迷上了司马迁，从此下决心，一定要把《史记》翻成法文出版。《史记》是皇皇巨著，有130篇，他到死也没翻完（只翻了前47篇）。但他的入手处却可谓独具只眼。他发表的《史记》译本，头一篇就是《封禅书》。《封禅书》讲什么？就是讲山川祭祀。

1907年，沙畹第二次到中国，曾在中国北方旅行，游历山川，考察古迹。当时，他的最大兴奋点是什么？是《封禅书》里的第一神山。他爬过泰山，写过一本书，题目就叫《泰山》。

1918年，沙畹去世，留下一部著作，发表于第二年，名叫《投龙》，还是围绕原来的兴趣。

什么叫"投龙"，让我解释一下。

投龙是一种道教仪式。求愿者用一种名叫"投龙简"的东西给神灵写信，写完信，照例放个小金龙，派它送信，通报神灵，乞求神灵保佑。这种简，一般用金、银、玉、石等材料制成，形如小方板，投放地点都是名山大川，或在山洞，或在水边，或在乱石丛中某个石头缝里。山有山简，水有水简，土有土简。这种活动虽是道教传统的活动，却有更古老的背景。

沙畹是从山川祭祀研究中国的礼仪和宗教。

他的眼睛很毒。他一眼就看出，山川祭祀，对研究中国很重要。

二次世界大战后，法国汉学衰落，被美国的中国学（Chinese Studies）取而代之。美国的中国学，主要是为战后美国在亚太地区的战略研究服务，属于亚洲研究的一种，特别是东亚研究的一种。其重点是现代中国，而不是古代中国。

现在，沙畹的著作渐渐被人遗忘，变成老古董。美国的年轻学子，没几个人读这种老气横秋的作品。老一代的汉学家很遗憾，欧洲的学者很遗憾。

沙畹来华已经120年，《投龙》问世已经90年，但我没有忘记他，没有忘记他的伟大贡献。

我相信，他的研究，即使今天，也仍有启发。

沙畹

三、登高才能望远

中国的天文书是以星辰为"文"，中国的地理书是以山水为"理"。人从地上望星空，可见星汉灿烂，但从地上望大地，却只有眼前不大的一片。

我们在地上望远，怎么也看不远，道理何在？以其平视之故也。

人眼究竟能望多远，因人而异，因能见度而异，根本没有定数。即使视力2.0，天清气朗，一马平川，顶多能看见几十公里外的天际线，难免"目眇眇兮愁予"（《楚辞·九歌·湘夫人》）。

天下，虽企足引领，不足见其大，古人何以观之？

第一个办法是拿脚丫子走,比如大禹就是因此而出名。他的行走叫"禹步",脚印叫"禹迹"。九州大地什么样,他是一步一步踏查,然后把印象拼起来。我国的舆图,就是靠很多人的眼睛一块儿一块儿拼起来。这是最笨最笨的办法,也是最可靠的办法。

第二个办法是登高。古人说,"欲穷千里目,更上一层楼"(王之涣《登鹳雀楼》),造个通天塔、摩天楼,一层比一层高,高到上出重霄,当然是好办法。但更省事的办法,是找座高山,从高山往下瞧,"会当凌绝顶,一览众山小"(杜甫《望岳》)。

登高,是人类的固有冲动。《圣经》里的巴别塔,就是代表这种冲动。现在,世界上有很多摩天楼。1990年,我上过芝加哥的希尔斯大厦(Sears Tower),442米。那塔是1974年建,当年最高。后来,引出一堆不服气,展开竞赛,一个比一个高,大家赛来赛。台北101,有509米,没完。阿联酋正盖"迪拜塔"(Burj Dubai),据说盖好了,有818米。但再高的楼也没山高。

再说了,山再高,也没有飞机高。飞机高,也没有卫星高。

人能像鸟一样振翅高飞从天上俯瞰大地吗?

鸟瞰(bird's-eye view)一直是人类的幻想,目力济之想象,让心灵在天空飞翔。

李贺的诗,很有想象力。"遥望齐州九点烟,一泓海水杯中泻"(《梦天》),这种从天上看天下的感觉,纯粹是梦。当时没有飞机,没有卫星,只有从山上看山下,庶几近之。

古人祭岳镇海渎,叫"望祭山川"。"望"就是讲这种感觉。古书说,每个国家都有自己的"四望"。找个山头,朝四下里望,甭管看见看不见,只要心里揣着这么一种感觉,他好像就看到了。

这是一种心灵遥感。

古人说,"三代命祀,祭不越望"(《左传》哀公六年)。他们祭祀山川，本来只祭本国的名山大川，眼界不够大。

泰山，五岳独尊，是在五岳成为一个集合概念之后。在此之前，并不如此。

"泰山"，就是"太山"或"大山"。"太"字写成"泰"，是秦国文字的特点，汉代文字承袭之，常把"太"字写成"泰"。"泰山"的意思，原来是大山。

山东有六座1000米以上的高山，此山最高。泰山是齐鲁一带的大山，没问题。但其他国家有其他国家的大山，各地有各地的"太山"。比如华山，秦驷祷病玉版（详下）就称之为"华大（太）山"；霍山，本来也叫"霍太山"。

各地有各地的"泰山"。

各地的名山大川，选出来，搁一块儿，才有岳镇海渎。

它是个集合概念。

四、"自古受命帝王，曷尝不封禅？"

司马迁说，"自古受命帝王，曷尝不封禅？"（《史记·封禅书》）

所谓"封"，是在大山的山头上堆土为坛，祭天，有如天坛；"禅"，是在高山之下，小山之上，拔草除地，弄块场子（墠），祭地，有如地坛。

这个仪式很古老，我猜，一定有人类学的原始依据，有兴趣的，可以考证一下。

传说，封禅泰山，上古帝王有72个，除祭泰山，也祭其他山。

这个传说，就是为了印证封禅的传统很古老。

上古帝王七十二，到底有谁？其实是笔糊涂账，谁也说不清。

古代时令分两种，五行时令和四时时令。前者和后者不一样，它是把一年360天按金木水火土五分各72天。"七十二"是吉祥数。孔门七十二弟子、刘邦七十二黑子，都是为了凑这个数，你不必认真，以为可丁可卯，真有这个数。但司马迁有个12人的名单，却说得有鼻子有眼。

这个名单分三组：

无怀氏、伏羲氏、神农氏是一组，属"三皇"传说的一种。

炎帝、黄帝、颛顼、帝喾、尧、舜是一组，属"五帝"传说，但加了炎帝。

禹、汤、成王是一组，属"三王"传说，但用成王代替了文王、武王。

这个名单出自《管子·封禅篇》（佚篇）。

上述帝王最能跑，莫过大禹。七十二帝，虚无缥缈，就他可考。

古书说，"芒芒（茫茫）九州，画为禹迹"（《左传》襄公四年），他老人家为全国人民治水，舍身忘家，"三过其门而不入"（《孟子·滕文公上》），造成"四肢不用家大乱"（马王堆帛书《十问》），真是历代帝王的楷模。

古人说，大禹爬过什么山，涉过什么水，各地的土地、民人、物产、风俗，记下来就是地理，《禹贡》就是最早的地理书。

保利博物馆有件西周铜器，铭文已经提到"天命禹敷土，随山濬川"，和《禹贡》序的说法很像。

可见，这种传说很古老。

五、从《封禅书》到《郊祀志》

传说归传说，历史是历史。

历史上，明确可考，真正举行过封禅大典，有六个皇帝，他们是秦始皇、汉武帝、汉光武帝、唐高宗、唐玄宗和宋真宗。这六位都上过泰山。

公元696年，武则天登过嵩山，封过嵩山。她以"登封"作年号，很有纪念意义。嵩山在河南登封。现在的登封（过去是县，现在是市），就是她留下的地名。

封禅，秦皇汉武是代表，都是一圈一圈满世界跑，累得很呀。

讲山川祭祀，一定要看《封禅书》。《封禅书》就是讲秦皇汉武的封禅。比《封禅书》晚，汉武帝以后，还有两篇东西是必读书，一篇是《汉书·郊祀志》，一篇是《续汉书·礼仪志》。两汉以后，这些祭祀活动留下什么古迹，大家要看《水经注》。

读《封禅书》，我们知道，秦始皇整齐天下宗教，在全国各地立过200多个坛庙。这些坛庙，当时叫"祠畤"。秦代祠畤，是以齐、秦为主，分东西二系。东方最重要，要属八主祠；西方最重要，要属雍四畤。八主祠祭天、地、兵、日、月、阴、阳、四时，是齐地的传统信仰。雍四畤祭白、青、黄、炎四帝，是祭西土各族人民的老祖宗。还有两个祠在秦地也很有名，一是陈宝祠，祭陈宝（一颗陨石所化的雄鸡），二是怒特祠，祭怒特（一头神奇的青牛）。

这是第一个高潮。

第二个高潮是汉武帝以来。他立的祠畤，也分东西二系。五岳四渎之祭、八主之祭主要在东方，属于"巡狩封禅"的大范畴。西方是以长安和甘泉的两个太一坛（薄忌五坛和宽舒坛）为中心（祭天），东有汾阴后土祠（祭地），西有雍五畤（除秦雍四畤，增加北畤，祭黑帝），覆盖整个三辅地区（首都的三个特区），则是西汉理解的"郊祀"。

武帝，郊祀在陕西这边跑，封禅往华山以东跑，三年一郊祀，五年一封禅，真把天下折腾惨了。死前，他丢下后悔话，承认自己糜费百姓，使天下愁苦。死后，继任的皇帝不能不考虑，以后怎么办。他后边有六个皇帝，有的还跑，有的跑不动，于是有罢庙废祠之议。天下祠畤，汉成帝时有683所；汉哀帝时有700多所，直到逼出王莽，才把它彻底废除。

王莽是儒生，主张复古，照儒经复古。他说，武帝旧仪不合古制，郊祀郊祀，古制只在四郊祭，何劳远足。从此，才有后世的郊祀制度。皇帝只要在家门口拜拜就可以了，远处可以派员致祭，或者干脆让地方官去祭，把钱和工夫全都省了。当然，谁嫌不过瘾，非要折腾也行，比如上面提到的汉光武等人，爱跑你就跑，那是你个人的事。巡狩封禅很风光，想起来搞一回，让全国人民大庆一下，不是不可以，但作为制度是不存在了。

司马迁写《史记》，《史记》是"通古今之变"的"大历史"。他的《封禅书》是以巡狩封禅为主，兼记其他祭祀。班固不一样，《汉书》是朝代史，重点是讲汉代的郊祀。武帝和武帝以前，他抄《史记》；武帝以后，昭、宣、元、成、哀、平，这六帝是续写，一直写到王莽。王莽改制是西汉郊祀制度的终结。武帝的郊祀是大郊祀，王莽的郊祀是小郊祀。班固要讲的，主要是大郊祀变小郊祀。

历代在首都立坛，祭天地日月、社稷祖宗，是王莽的遗产。

历代祭岳镇海渎，是秦皇、汉武的遗产。

这是古代祭祀的两大遗产。

六、岳镇海渎，选自四方

岳镇海渎，概念很古老，不自唐始，不自汉始，而是先秦就有。战国末年，"天下一统"的概念呼之欲出，这类概念是"配套产品"。天下逐鹿，鹿死谁手，这套奖品发给谁。

秦始皇是领奖者。

"五岳"，见于《周礼·春官》的《大宗伯》、《大司乐》和《礼记·王制》。

"四镇"，见于《周礼·春官》的《大司乐》。

"四渎",见于《仪礼·觐礼》和《礼记·王制》。

"四海",古书多见,举不胜举。

可见,天下还没统一,就有人把它设计好了。

思想是开路先锋。

"岳",古人也写成"嶽",意思是山之尊者,最最重要的山,《说文·山部》解释"嶽"字,就是专指五岳。五岳是一等名山。

"镇",原指镇守九州的"山镇",好像一块九宫格的席子,用九块石头压着,每州各有一个"山镇",郑玄的解释是,"名山,安地德者也"(《周礼·夏官·职方氏》注)。这是一种含义。另一种含义,不太一样,是把九大山镇分两组,先把五岳择出来,当一等名山,剩下四大名山才算"镇",郑玄的解释是,"四镇,山之重大者"(《周礼·春官·大司乐》),其实是二等名山。

"渎",是大川,"四渎者,发源注海者也"(《尔雅·释水》),所谓"四渎"是指独流入海(有独立源头并最终流入大海)的大川。

"海",古人以音训解释这个字,常说"海者,晦也"(如《广雅·释水》),意思是一眼望出去,昏昏蒙蒙,看不到边。比如楚帛书的"四海"就写成"四晦"。四海,既可指浩瀚无垠的大海,也可指一眼望不到边的四方,甚至可指塞外的大湖(如青海湖),这里的"海"是渎之所归。

这九山八水,"五岳四渎"最重要。唐代的镜子,镜纽是五岳,四周的水是四渎,就是一种图案化的"天下"。你去地坛,可以对比方泽坛。

后世的岳镇海渎,唐以来的岳镇海渎,其实只增加了一山(吴山),不是五岳四镇,而是五岳五镇,四渎四海数不变。

名山大川,见于《禹贡》、《山海经》和后世地理书,数量很大,但只有九山八水或十山八水入选,这是"天下一统"的象征。

历史上的中国,小国林立,各有胜景,每个地方有每个地方的名山大川。比如《禹贡》九州,就是分州为叙,提到23座名山、34条大川和8个大泽，大川往哪儿流，也不能不提到海。这些地方性的山川，经过筛选，被整合成一个大系统，有个过程。

司马迁说，秦并天下后，崤山以东，有名山五座：太室山（嵩山）、恒山、泰山、会稽山、湘山（洞庭山），大川两条：济水、淮水；华山以西，有名山七座：华山、薄山（首阳山）、岳山（吴山之一山）、岐山、吴岳（吴山之一山）、鸿冢（在今陕西凤翔一带）、渎山（岷山），大川四条：河水、沔水（汉水）、湫渊（指《水经注》的湫水，水出湫渊，渊在今宁夏固原县东南，其实是个堰塞湖）、江水。

汉代的五岳四镇四渎，除医巫闾山和霍山，都在这个名单中。

可见，它们是从四面八方选出来的，是各个地区的代表。共同点是与四方中央相配，与阴阳五行相配。

七、从五岳四镇到五岳五镇

唐以后，中国的名山有所谓"五岳五镇"：

五岳是东岳泰山（1532.7米）、西岳华山（2083米）、南岳衡山（1290米）、北岳恒山（1898米）、中岳嵩山（1440米）。

五镇是东镇沂山（1032米）、西镇吴山（2069米）、南镇会稽山（354.7米）、北镇医巫闾山（886.6米）、中镇霍山（2346米）。

它们，名气大不大，不在高，不在美，而在地区代表性。

比如吴山，现在是二等名山，名气不够大，但古代却很重要。秦之崛起，是沿渭水，自西向东拓土。晋皇甫谧说，秦始皇"表河以为秦东门，表汧以为秦西门"（《太平御览》卷一六四引晋皇甫谧《三辅黄图》）。秦故土，"西门"在宝鸡，"东门"在华阴。吴山在宝鸡，华山在华阴，正好是一头一尾。宝鸡是秦人的老巢，古人叫陈仓。那里不仅有很多秦墓，还挖出过汉代

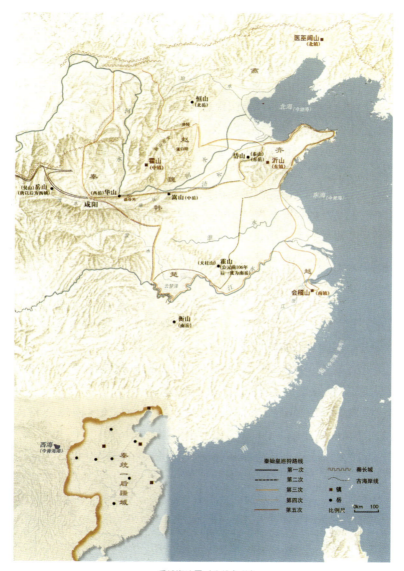

岳镇海渎图（马保春 绘）

东岳泰山（日观峰）

西岳华山

南岳衡山
（祝融峰）

北岳恒山

中岳嵩山

的仓储遗址（和华阴、新安发现的汉仓一样）。陈仓是个漕运码头，我在那一带挖过秦墓。吴山也叫岳山，本来也是个"岳"。它是秦地早期的"泰山"，对秦人来说，资格比华山老。

还有霍山，现在也是二等名山，早先却是晋地的头号名山。三晋中的赵人，是秦人的兄弟氏族。他们的祖先，原来就是守这座山。它在晋地也是个"岳"，现在仍叫太岳山。抗战时期，八路军有太岳区和太行区。我父亲就在太岳区。我们老家，今208国道西侧就是太岳山。元朝，赵城大地震，就是太岳发脾气。我的祖先是灾后移民，跟汶川灾民一样，就是来自太岳山区。太岳，既叫"太"，又叫"岳"，其实就是山西的"泰山"。

还有会稽山，别看不高，姿色平平，却是古代传说大禹治水成功开庆祝会的地方，大家都来汇报成绩，要"会计"一下（意思如同今语的"统计"），所以叫"会稽"。禹死后，传说就埋在了会稽山下，现在叫"大禹陵"。"禹爷"（鲁迅《治水》这么叫）的坟头，陕西的秦始皇都来拜，你能说它不重要？此山放在吴越，也是不得了的山。

五岳五镇，最初只有五岳四镇。

《周礼·春官·大司乐》已有"四镇五岳"的说法。"四镇五岳"，不是十座山，而是九座山，什么道理？原来，古人是以九山与九州相配。如《周礼·夏官·职方氏》，就是以九个"山镇"配九州，每州各有一座代表性的山：

东镇沂山

州	山镇	州	山镇	州	山镇
扬州	会稽山	青州	沂山	幽州	医巫闾山
荆州	衡山	兖州	岱山（泰山）	冀州	霍山
豫州	华山	雍州	岳山（吴山）	并州	恒山

这九座山就是五岳四镇。

五岳是哪五座山？《尔雅·释山》有两套山名：

（1）"河南华（华山），河西岳（吴山），河东岱（泰山），河北恒（恒山），江南衡（衡山）。"

（2）"泰山为东岳，华山为西岳，霍山（天柱山）为南岳，恒山为北岳，嵩高（嵩山）为中岳。"

这两套五岳，和后世的五岳不一样。

西镇吴山

南镇会稽山

北镇医巫闾山

中镇霍山

前者有岳无嵩,是秦人的五岳。上面说过,岳山对秦人很重要。秦并天下前,嵩山比不了岳山。

后者有霍无衡,是汉代的五岳。汉代,南岳有二,一是衡山,二是霍山。衡山是秦系的南岳,太靠南。霍山是汉代新立,近一点。南岳从衡山改霍山,是汉武帝元封五年(前106年)事。这个霍山不是山西的霍山,而是安徽霍县的霍山,即天柱山。

郑玄讲《大司乐》的"四镇五岳",五岳同《尔雅》第一说,四镇是会稽山、沂山、医巫闾山和霍山。四镇没吴山,道理很简单,吴山、岳山是同一山,岳山已入五岳,当然不算镇。

上表九山,衡山、华山、岱山、恒山,加上表中没有的嵩山,就是后世的五岳;剩下的五山,会稽山、沂山、岳山、医巫闾山和霍山(山西的霍山),就是后世的五镇。

五岳四镇变五岳五镇,关键是把第一种五岳中的岳山去掉,降为镇山,而把第二种五岳中的嵩山补进去。至于南岳,则去霍留衡,其实变化很小。

八、四渎和四海的关系

山有"岳镇",一等名山叫"岳",二等名山叫"镇",刚才讲过。

水有"海渎",独流入海的大川叫"渎","渎"之所归叫"海",刚才也讲过。

这里再强调一下。

《尔雅·释水》:"江、河、淮、济为四渎。四渎者,发源注海者也。""四渎"是哪四条河?"渎"的定义是什么?原话很清楚。

百川朝宗于海,渎和海总是连在一起。渎是河,但不是一般的河,上面说过,是独流入海的大川。这样的大川,有源有流,有湖泊(古人叫

"泽"），有洲渚，九曲十八弯，最后的归宿是大海。

渎和海，都和水有关，都和龙王有关。求雨乞雨找龙王，龙王庙到处都有，有时就叫海神庙。四海龙王，有水的地方都拜，不一定非到海边拜。渎庙后面都有"海"，泉子头，修个水池，就算"海"。头是"海"，尾也是"海"。

古人说的四渎，就是现在的长江、黄河、淮水、济水。

这四条河，是个令人难忘的地理概念。我印象最深，还是来自"四五八"。

什么叫"四五八"，就是粮食亩产，黄河流域400斤，淮河流域500斤，长江流域800斤，达到指标叫"达纲要"（毛主席的《农业发展纲要》）。当时盛行"跨长江，过黄河"一类说法。我在家乡那阵儿，不让种谷子，只让种高粱，当时农民编了顺口溜，"晋东南粮食达纲要，吃的全是猪饲料"。

济水已淡出人们的视野。

四渎，是两大渎、两小渎。

（一）大渎

（1）长江，中国第一大河，发源于青海的格拉丹东山，自西向东，流经中国南方，原先是从镇江、扬州一带入海，流入今黄海，现在是从上海崇明岛入海，流入今东海。

（2）黄河，中国第二大河，发源于青海的巴颜喀拉山，自西向东，流经中国北方，原先是从天津、黄骅一带入海，后夺济水河道，从今山东东营市入海，流入今渤海。

（二）小渎

（1）淮水，发源于河南桐柏县的桐柏山，汝、颍二水，自西北而东南流，注之。它在长江北，大体与长江平行相伴，原先是从江苏涟水县云梯关入海，流入今黄海，现在改走长江的河道入海，流入今东海。

（2）济水，发源于河南济源市的王屋山，分南北两段，北段在黄河北，比较短；南段在黄河南，比较长。济水南段大体与黄河平行。它原先的入海处，现在是黄河入海处，济水已被黄河兼并，不再入海。现在的"济南"已变成"河南"。

小渎要为大渎让道，甚至加入大渎。按如今时髦的说法，叫"加入主流"。

四海，古人是以东南西北分。

汉代的北海是今渤海，东海是今黄海，南海是今东海和南海，西海是今青海湖。

江水，汉代的入海处是在当时的东海和南海之间。

河水，汉代的入海处是在当时的北海。

淮水，汉代的入海处是在当时的东海。

济水，汉代的入海处也在当时的北海。

西海，是塞外大泽。

它们的入海口都相继南移。

九、地坛：缩天下而观之

史家都说，王莽是空想家，他的改制，什么也没留下来，此话不对。其实，后世的郊祀制度就是他的遗产。

王莽设计的郊祀，特点是只在京城设祭，祭不出郊。

泰畤祭天，广畤祭地，分别在南北郊。

五帝兆，中央祭黄帝、后土，东郊祭太皞、勾芒，南郊祭炎帝、祝融，西郊祭少皞、蓐收，北郊祭颛顼、玄冥，日月星辰配焉。

他的两畤五兆，比起汉武帝的大郊祀，简直就是个缩微模型。

这种制度，历时近两千年，千变万化，早已面目全非，但大主意没有变，基本的想法没有变，还是在家门口祭，还是祭天地、日月、星辰、祖宗、社稷这套东西。

明清北京城有六个坛，都在城圈外，天坛在南，地坛在北，日坛在东，月坛在西，天坛西有先农坛，地坛西有先蚕坛。先蚕坛，本来在地坛旁，后来搬到北海后门，即现在的北海幼儿园，理由是，女人，大门不出，二门不迈，皇后不宜出城门。

城圈内，天安门两边，"左祖右社"。"左祖"是祖庙，"右社"是社稷坛。现在的劳动人民文化宫是原来的祖庙，中山公园是原来的社稷坛。

社稷坛是第七个大坛。

地坛，古代叫方泽坛，两层，四四方方，环水，坛上有岳镇海渎的牌位。

方泽坛的后面是皇祇室，里面也有岳镇海渎的牌位。

这是专门祭地的地方。

祭地的牌位，一共有五套，一套是五岳，一套是五镇，一套是五陵，一套是四渎，一套是四海，多出的一套是五陵。五陵是皇陵依托的山。

同样的牌位，也见于天坛和先农坛。

岳镇海渎是"天下"的缩影。

过去，我写过一篇文章，讲民国时期的京兆公园（《从五族共和想起的》，收入《花间一壶酒》）。京兆公园是现在的地坛公园。

公园是西化的产物，民国才有，代替过去的"五顶"，代替过去的庙会。

当年，地坛被改造，方泽坛变讲演台，皇祇室变图书室（当时叫"通俗图书馆"），园中空地被充分利用，养马、种菜、种庄稼、修运动场，搞得面目全非。

有趣的是，走正门，穿东西大道，入二门，路北左手那一片，当年有个世界园。它把世界各国做成大沙盘，每个国家的首都，各摆一小门楼。

这也是"天下"的缩影。

十、五岳庙

岳镇海渎十八庙,我跑过多数,还有一些要补课。这里,浮光掠影,讲点印象。

岳庙,现在都在,岱庙最重要。

(一) 岱庙

当年,我去济宁,是从南苑机场搭小飞机,一路颠颠簸簸,噪音很大,很不舒服。但它飞得不高,宜于观景,也有好处。我从天际渺人间,留一印象,山东好像大花园,当中长棵参天大树,就是泰山,树根串得老远。有些山头就像伐树留下的树墩子,年轮,一圈套一圈。

回来,爬泰山,上山坐缆车,一下到山顶。

这座神山,是山东常见的石山,大树长在石头缝,铺不全,盖不满,露出山体。山上有很多大石头蛋子,和峄山相似。这种山,根本不像南方的山,万树葱茏,云遮雾绕,空濛灵秀。但它背北面南,让你抬头仰望,处处透着帝王气象。

古代封禅,封在山上,禅在山下,上有天,下有地,让我想起北京的天、地坛。

山脊上,左有日观峰,右有月观峰,也让我想起北京的日、月坛。

下山绕山后,是走下来。

岱庙在山下,碑刻甚多,其中最著名,要属《泰山刻石》,那是秦始皇封禅留下来的老东西。五岳,只有泰山有秦刻石。

那回,我还去了东更道,位置在岱庙西南、蒿里山的东面,不在中轴

岱庙

线上。我怀疑,当时的"中"可能略微偏西(禅地的蒿里山还在其西)。

这是一处战国时代祭祀泰山的遗址,当年有个器物坑,50年代被发现,太重要,可惜只有简短报道,发掘记录找不到(我跟山东博物馆的人问过)。当时,我站在一个胡同口跟人打听,问谁谁不知。最后来一老太太,拿手一指,"就这地方,就在这楼底下"。

我看见的是一片楼群。

(二)西岳庙

西岳庙,著名碑刻,有东汉《西岳华山庙碑》,很有名。说来惭愧,历年访古,我跑得最多是陕西,两次发掘也在陕西,但从没上过华山。

过去有本摄影集——《江山如此多娇》,里面有张华山的照片,印象很

西岳庙

深。这也是座北方的山,比泰山更美。大家都说华山险,去年,我把膝盖爬坏,恐怕爬不动了,但很想到跟前儿看一看。

(三)南岳庙

南岳,我没爬,庙也印象不深,好像没什么太古老的东西。我只记得,一边佛寺,一边道观,居然相安无事。这对大讲"普世宗教"的西方人来说,简直不可想象。

(四)北岳庙

清顺治后,北岳改到山西浑源。大家一说北岳庙,想到的就是浑源,此庙虽大,几乎被人遗忘。其实,早期的北岳庙一直在河北曲阳。这庙,前两年才去,庙是元庙,很宏伟,碑也很多。一般的庙,山跟庙挨得很近,但此庙与山却离得老远。恒山在其北,现在的名字是大茂山,时间紧,没去。它位于阜平、唐县、涞源三县交界处,主要在唐县。

此行,带回一张拓片,据说是北岳山神的像,披头散发,可以镇宅。

南岳庙

(五)中岳庙

著名碑刻,有北魏《中岳嵩高灵庙碑》。但我最感兴趣,还不是庙中的碑刻,而是它的建筑布局。它还保留着金代的《中岳庙图碑》,可以反映宋代的建筑格局。山西万荣后土祠有块金代的庙图碑,可以比较。

北岳庙

此庙,汉代就有。现在,庙门外有对石翁仲,就是东汉遗物。石翁仲,东汉才有。东汉石翁仲,山东最多,大概有七八件,其他地方很少,一般是立于墓前。河南这一对儿,很珍贵。他俩,小矮个儿,神头怪脸,双手拄剑,不是立墓前,而是立门外,和其他汉翁仲不太一样。

中岳庙的南门,前面有条道,向南延伸,前面的太室阙,也是汉庙的遗迹。

中岳庙

东镇庙

十一、五镇庙、四渎庙和四海庙

上面,我是按东南西北中讲,下面也这么讲,把剩下的五镇和四渎、四海搁一块儿讲。

(一)五镇庙

镇庙,是山庙中的"二等公民",境遇比较惨,除北镇庙,其他四庙都很惨。

东镇庙,我是跟山东电视台去的。庙在沂山上。沂山是个森林保护公园,坐车,进门转半天,才能到跟前儿。这座山,山保护得不错,庙是重修,已非原貌。原来的旧东西,主要是碑刻,还有台阶、柱子什么的,也留了一点儿。看庙,主要是看碑,老碑最早,是元代的碑。

北镇庙

西镇庙,前些年去宝鸡,本来是奔吴山,可是天公不作美,等我来了,它偏下大雨,路不好走,怕把车子崴泥里,只好怏怏离去。我听说,旧庙已荡然无存,看也只是看山。

南镇庙,我去过两次,两次都是到旧址凭吊。此庙在会稽山前,1958年,刮台风,刮倒了;"文革",再搭一把手,彻底毁掉。我去看,就一空场,据说当过火葬场。庙中碑刻有三,两明一清,全在绍兴市文物考古研究所收着,两次去都没看到,其中一块是绍兴名人徐渭写的"深秀"碑。据说,"适当时候",当地政府会在原址重建。

北镇庙,今年刚去,山在西北,庙在东南。

医巫闾山,很漂亮,现在是公园,入门,有六个清朝皇帝像,左右排列,迎接游客。这山,很像山东的山,有股仙气。我想,秦皇汉武拜的

中镇庙

山,多半是这种样子。特别是,我在它东面见一山,山不大,但刀劈斧皴,酷似中国山水画。中国山水画,想象的成分很大,离"模特儿"差距很大。画不像山,比比皆是,真山像画,太少见。

五镇庙,北镇孤悬塞外最特殊,古代拜这山的,主要是少数民族,其实是东北各族的神山。清王朝最爱这座山。北镇庙是五镇中唯一幸存至今的古庙。它位置选得好,在一高地上,比周围地势高。北边还有块高地,比这块小。

中镇庙,在霍山上,我是2002年去的。这座神山,很高大。我记得,有人在山里烧石灰,山体有很多白色的伤疤。此庙已毁,毁于何时?1974年。没问题,是毁于"文革",毁于群众。现在只剩一块碑,明太祖的洪武大碑。这种大碑,东镇庙也有一通,原来应该有五通。

济渎庙（河南济源）

(二) 四渎庙

江渎庙，已毁，过去，北大的孙华教授寄我一份材料，要我写文章，我没到过原址，不知怎么写。

河渎庙，原在蒲州城内，已毁，据说有块清碑。这城，我去过，但庙在何处，不知道。

济渎庙，我是借开会之便，从洛阳去的。此庙在渎庙中保存最好，碑刻很多，就像北镇庙，也是个幸存者。前些年，该庙大修，据说出土过投龙简，材料未发表。此庙投龙碑，沙畹讨论过。

淮渎庙，也毁了，旧址在河南桐柏县桐柏一中的后院。庙宇已毁，仅存房基和摞在一起的碑刻。当地另外修了个淮源庙，是个碑林。前面有口

济渎庙后的北海祠(任超 摄)

淮渎庙旧址(河南桐柏)

淮渎庙石刻

淮源碑

八卦井,后头有个水池。这个水池也算"海"。我顺着水流往旁边看,看见一头水牛。中国的黄牛南下,可以很南,水牛北上止于此。

(三)四海庙

东海神庙,在莱州湾的海边上,我去过莱州,没去过原址。此庙毁于1946年,碑刻毁于"文革"。汉代,这里是北海,不是东海。当时的东海

东海神庙遗址

南海神庙

是江苏东边的海。汉代的东海神庙不在这儿，而在连云港。连云港旁边的海，才是汉代的东海。东汉的《东海神庙碑》，宋洪适《隶释》录其文，说庙、碑都在海州。我怀疑，孔望山一带的摩崖石刻和石象等物就是东海神庙的遗迹。

西海神庙，在青海湖边。王莽的西海郡古城，当地叫"三角城"，在海晏县。当初，我国的核基地就在海晏县。这座古城，城墙还在，运送原子弹的火车就是穿城而过。著名的王莽虎符石匮就出自该城。当年我去青海，还不知有西海神庙，光看湖，没看庙。后来知道有此庙，又正在修，不能看。此庙是清代聚集汉满蒙回藏各族祭祀青海湖的地方，庙中有雍正汉满蒙三体的《灵显宣威青海之神碑》。

北海神庙，在山海关区老龙头。1900年，这里是八国联军的兵营。据说，庙是毁于鬼子之手。现在的庙是1988年重修。今年夏天去看，天很热，门外，一匹旅游马昏昏欲睡在打盹儿，凭栏眺海，海风扑面。

南海神庙，在广州黄埔区南岗镇庙头村，建筑风格是典型的南方风格。著名碑刻，有唐韩愈《南海神庙碑》。2005年，广州市文物考古研究

北海神庙

所在附近发掘过宋代的南海神庙。此庙在海庙中保存最好。我还没去。

宋以后,中国的海庙都是天后宫。

十二、流风余韵

中国早期,头号旅行家,其实是皇帝。第一是秦始皇,第二是汉武帝。

秦始皇统一天下,在位仅12年。这12年,他曾五次巡游,平均两三年,就得出去转一圈,最后死在路上。

这一大圈,范围有多大?半径差不多有1200公里。

现在的中国，23个省、5个自治区，他跑过13个省、两个自治区。

河北、河南、山东、山西、陕西、甘肃、宁夏、辽宁、内蒙古、湖北、湖南、安徽、江西、江苏、浙江，他都去了。

没去，只有四大角落：

东北的黑龙江、吉林；

西北的青海、新疆；

东南和南边的福建、广东、广西、台湾和海南；

西南的四川、云南、贵州、西藏。

巡游天下，谈何容易。皇帝就是皇帝，老百姓，办不到。孔子下台后，周游列国，说是多少国，其实只有十国，说是十国，只是几座城。他这一辈子，从未出过山东、河南。

秦始皇巡游天下，东巡最重要。他的脸，始终是朝向东方；眼光，始终盯着大海。他对山东最感兴趣，对大海最感兴趣。寻仙访药，海是第一目标。

中国的海岸，从辽西到长江口，天涯海角，他几乎走遍。他的行宫，从绥中到绍兴，到处都是。

北戴河的疗养院是谁开辟？不是别人，正是秦始皇。

秦始皇所到之处，往往立石刻辞，大做政治广告。他的政治广告，是"李斯墨宝"，不是自己写，而是由大臣写。这和汉武帝不一样，和乾隆皇帝不一样。汉武帝，没留字；乾隆皇帝，到处题。所谓"御题"，才是"领导亲笔"。

汉武帝的足迹，和秦始皇差不多，范围差不多，频率也差不多。

这是制度的惯性使然。不是王莽出来，刹不住车。

古今中外，海是乌托邦。

李白的诗，"海客谈瀛洲，烟涛微茫信难求。越人语天姥，云霓明灭或可睹"（《梦游天姥吟留别》）。海，变得虚无缥缈，他才把目光投向山林,"五岳寻仙不辞远,一生好入名山游"(《庐山谣寄卢侍御虚舟》)。

桃花源,是另一种乌托邦,在山里。

道教,洞天福地,也在山里。

王莽之后,巡狩封禅,不再是常制,城市复归中心。只有逃避中心、甘处边缘的人才迷恋山林。第一是隐士,第二是道士,第三是和尚。

他们都往山里跑。

中国的十大名山、四大名川,由谁来继承?主要是道士。

投龙是道教仪式,它是早期山川祭祀的延续。很多投龙简就是在这些地点发现。

十三、出土发现

当年,沙畹研究泰山,几乎全凭文献,并没见过封禅实物;研究投龙,也是利用文献和碑刻(记载投龙活动的碑刻),并没见过投龙简。

予生也晚,比他运气好,看过很多他没看到的东西。这里按发现地点,讲一下历年的发现。

(一)泰山

1930年,中原大战,马鸿逵帮蒋介石在山东打冯玉祥,驻防泰安。次年,他在蒿里山修烈士碑,建烈士祠,无意中发现唐玄宗玉册和宋真宗玉册。马氏临死前,把玉册献给蒋介石,现藏台北"故宫博物院"。前者是用汉白玉制成,我在他们的库房看过;后者是用白玉制成,一直在展厅陈列。这两套玉册,都是用于禅礼。史书记载,唐玄宗的玉册是宋真宗发现,他把这些玉册重新埋下去,上面放了他的玉册。历代帝王封泰山,玉册是埋在泰山顶,明清也有发现,没有留下来。

唐玄宗玉册和宋真宗玉册

泰安东更道祭祀坑出土的浴缶

汉长安城桂宫四号建筑遗址出土王莽玉版

王莽封禅玉版释文

……万岁壹纪

……□，作民父母。清□……

……□退，佞人奸轨（宄），诛□……

……延寿，长壮不老，累……

……封亶（禅）泰山新室昌。……

1954年，在泰山脚下一个叫东更道的小地方发现过一个用大石覆盖、方形长条状的祭祀坑，内有战国浴缶6件、三足铁盘1件。七件器物，现藏山东省博物馆。铜缶，类似楚国的盥缶，铭文是燕国风格（工匠题名），祭祀者是谁，这还是个谜。

另外，2001年汉长安城桂宫四号建筑遗址出土过一件王莽玉版，铭文提到"封亶（禅）泰山"，也和泰山有关，最近正在首都博物馆展出。

(二) 华山

1998年，我在一个私人藏家手中见过两枚战国时期的玉版，我叫"秦骃祷病玉版"。这种玉版，其实就是道教投龙简的前身，非常珍贵。后来我写过文章，发在《国学研究》上。现在，这两件玉版已归上海博物馆。铭文提到"华大山"，可见是华山出土。

(三) 衡山

贵州省博物馆有件唐玄宗投龙简，是用一块长37.9、宽12、厚0.8厘米的大铜版制成。2008年，我到贵阳看过原物，是祭衡山的投龙简。

(四) 嵩山

1982年，两个农民在嵩山峻极峰玩耍，偶然在半山腰发现武则天投龙简，铭文称为"金简"，其实是鎏金简，现藏河南博物院。

(五) 武当山

1981年，武当山紫霄宫出土过明建文帝投龙简，同出之物，有玉璧和金龙，现藏武当山道教博物馆。

华山皇甫峪

皇甫峪停车场：秦骃祷病玉版的发现地点

秦骃祷病玉版

唐玄宗投龙简（正面拓本）　唐玄宗投龙简（背面）

唐玄宗投龙简释文

大唐开元神武皇帝李隆基，本命乙酉八月五日
降诞，凤好道真，顾蒙神仙长生之法，谨依上清灵
文，投刺紫盖仙洞，位忝君临，不获朝拜，谨令道士
孙智凉赍信简以闻，惟金龙驿传。
　　　　　　　太岁戊寅六月戊戌朔廿七日甲子告文。（正面）

内史朝散大夫行内侍省掖廷局令上柱国
张奉国，本命八月十八日生。道士涂处道、
判官王越宾，壬寅八月七日。傔人秦还恩。　（背面）

武则天金简释文

上言：大周国主武曌，好乐真道，长生神仙。谨诣中
岳嵩高山门，投金简一通，乞三官九府，除武曌罪名。
太岁庚子七月甲申朔七日甲寅，小使臣胡超稽首再拜谨奏。

武则天投龙简

武当山紫霄宫赐剑台出土的小金龙

吴越王钱镠投龙简

西湖投龙

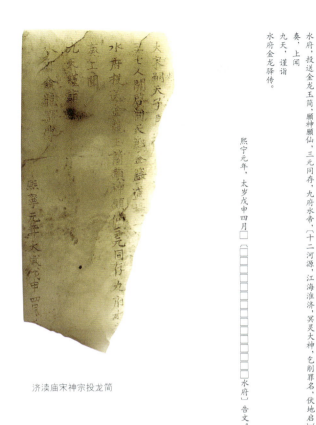

济渎庙宋神宗投龙简

大宋嗣天子臣顼，开启同天节金箓道场一三七人，投送金龙玉简，愿神愿仙，三元同存，九府水帝，[十二河源，江海淮济，冥灵大神，乞削罪名，伏地启]奏，上闻九天，谨诣□□□□□□□□[道士]□□□□□□□□[济渎]水府金龙驿传。

熙宁元年，太岁戊申四月□□□□□□□□□□□[水府]告文。

（六）西湖、鉴湖

五代吴越国，经常在此二湖举行投龙，因此有一些发现。这些投龙简，大小不一，皆为银制，浙江省博物馆有三件、绍兴市博物馆有两件。西湖也出过小铜龙。

上述简册，古人沉埋，范围甚广，频率甚高，今日所见，只不过是其中的一丁点儿。毫无疑问，中国的山山水水，这类遗物，不知有多少，没准什么时候，冷不丁又会露头。

等着瞧吧。

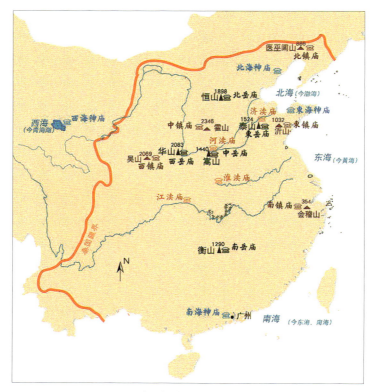

十八庙分布图（任超 绘）

（一）五岳庙
(1) 东岳庙（岱庙），在山东泰安市泰山脚下（泰山在其北）。
(2) 西岳庙，在陕西华阴市东岳庙街上（华山在其南）。
(3) 南岳庙，在湖南衡阳市南岳区（衡山在其北）。安徽霍山县也有南岳庙。
(4) 北岳庙，在河北曲阳县县城内（恒山在其北）。清顺治后的北岳庙在山西浑源市。
(5) 中岳庙，在河南登封市（嵩山在其北）。

（二）五镇庙
(1) 东镇庙，在山东临朐县沂山东麓的九龙口。
(2) 西镇庙，在陕西宝鸡市西北。
(3) 南镇庙，在浙江绍兴市会稽山下。
(4) 北镇庙，在辽宁北镇市西。
(5) 中镇庙，在山西霍州市霍山主峰下。

（三）四渎庙
(1) 江渎庙，在四川成都市文庙西街（毁）。
(2) 河渎庙，在山西永济市蒲州城（毁）。
(3) 济渎庙，在河南济源市庙街村。
(4) 淮渎庙，在河南桐柏县桐柏一中院内。

（四）四海庙
(1) 东海神庙，在山东莱州市海庙镇姜家村西北的海岸上。
(2) 西海神庙，在青海省共和县倒淌河乡黄科村西。
(3) 北海神庙，在河北秦皇岛市山海关区老龙头。
(4) 南海神庙，在广东广州市黄埔区南岗镇庙头村。

补记：

此文写成后，我多次外出考察：2009年访西岳庙，2010年访华山皇甫峪和吴山，2012年访莱州东海神庙，2014年访南海神庙，2015年访恒山（大茂山）。至此，上述岳镇海渎和岳镇海渎庙，除西海神庙，我都已走到。

2009 年 10 月 23 日写于北京蓝旗营寓所

（原稿曾被裁为两篇，分别以《古人的山川》和《十八庙印象》为题，
刊于《华夏地理》2010 年 1 月号）

唐玄宗封禅泰山图(高平仙翁庙壁画 任超 摄)

登泰山，小天下

泰山是山东中部的一座山。

论高，它只有1532.7米（2007年的新数字）。这一高度，别说比不了中国西部雪线以上的山（5000米以上），就连陕西、山西的山，很多都比它高（2000米以上）。

论美，它也比不了黄山、峨眉。中国南方的很多山，云遮雾罩、岩秀林奇，别提多妖娆妩媚，咱们北方人不能不服。

可是有一点，绝不是吹牛。中国的万水千山，论名气，哪座都比不了泰山。

一

泰山出名，首先和两位历史名人有关，一位是孔子，一位是秦始皇。

过去，讲中国历史文化，有个死结，就是非拿他俩当冤家对头。你必须做出选择，要么站在孔子一边，要么站在秦始皇一边。其实何必如此？这都是后人拿他俩说事。

孔子和秦始皇，对中国历史影响太大，要谈中国历史文化，其实一个不能少。中国有两次大一统，一次是"周公吐哺，天下归心"的大一统，孔子天天做梦，梦想恢复的西周大一统。还有一次，是秦始皇再造的大一统。我敢说，中国历史上，没有哪个事件，可以和这两个事件相比。

中国的两次大一统，所谓"大一统"就是古人眼中的世界，中国人叫"天下"。

孔子登泰山，见于《孟子》。孟子说，"孔子登东山而小鲁，登太山而小天下，故观于海者难为水，游于圣人之门者难为言"（《孟子·尽心上》）。

孔子登东山，是登蒙山。登蒙山，只能小鲁。要想一览天下，必须登泰山。《礼记·中庸》说，"君子之道，辟如行远必自迩，登高必自卑"。现在登泰山，泰山脚下有个"孔子登临处"，台阶右边有块明碑，上面写着"登高必自"，故意隐去一个字，就是"卑"字。人往高处走，卑是最低处。无论是谁，登山都得这么登。山上，也有一些后人所设附会《孟子》的景点。他们相信，孔子登上山顶，不光看日出，还举目四望，东观大海，南瞻吴、越，西眺秦、晋，北顾燕、齐。

这就是孔子的"小天下"。他的志在天下，是周公的天下。

说起泰山，必及秦始皇。他跟泰山的关系，远比孔子近，不但可考，而且可靠。

泰山出大名，主要靠帝王。《史记·封禅书》，开头有句话，"自古受命帝王，曷尝不封禅"。司马迁说的"自古受命帝王"，据说有72位，其中最有名，要属大禹。司马迁搬出这个名单，主要是为了讲汉家封禅。汉武帝"接千岁之统，封泰山"，为一时之大事。司马迁的爸爸就是因为没能参加这个大典，郁闷而死（《史记·太史公自序》）。

汉武帝的榜样是谁？是秦始皇。如果说，西汉帝国有如欧洲历史上的罗马帝国，那么秦始皇就是中国的亚历山大。

秦王政称始皇帝，只有12年。这短短12年，他曾五次巡游天下。

第一次是西巡（前220年），视察陇西、北地二郡。

第二次是东巡加南巡（前219年）。他从陕西出发，一路东行，直奔

孔子登临处

山东，先去孟子的老家，登峄山，再去泰安、新泰，封泰山，禅梁父。然后巡海，围着山东半岛转大圈，这是东巡。南巡，是渡淮、泗，溯长江，去荆州。返程是走武关道。

第三次是东巡（前218年），还是去山东，围着山东半岛转。这次，他登过芝罘山，去过琅琊台，最后是经上党（晋东南）回陕西，估计是从滏口陉入，太行陉出。

第四次是北巡（前215年），他从昌黎、秦皇岛、绥中，顺着海边，北上辽宁，从东往西转，视察长城沿线。最后，从九原（包头），经上郡（榆林），返回咸阳。

第五次是南巡加东巡（前210年），他先去南郡，顺长江，去绍兴，然后顺着海边，北上胶南，再次围山东半岛转。这一次，他死在了河北广宗县。尸体从井陉口，运进山西，转道内蒙古，最后从包头，沿直道送回咸阳。

这五次，除第一次和第四次是视察西北边防，其他三次都是以山东为中心。封禅泰山是第二次，这是秦代的大事。

秦始皇巡游天下，留下一批刻石，即第二次巡游的峄山刻石、泰山刻石、琅琊刻石，第三次巡游的芝罘刻石和东观刻石，第四次巡游的碣石刻石，第五次巡游的会稽刻石。这七块广告牌，有五块立在山东。秦始皇的政治吆喝，全都写在上面。它们，只有两块还在：一块是泰山刻石的残石，在岱庙；一块是琅琊刻石，在国家博物馆。

它们广告什么？就是广告他的天下。

二

中国的十大名山，五岳五镇，地坛里面排座次，泰山排第一。泰山为什么重要，要从中国的天下观来认识。

(一) 中国的五岳五镇是代表天下，它是按东南西北中，各挑一个，东方是挑泰山

山东的山，1000米以上有六座，按高度排序，依次是：泰山（1532.7米）、蒙山（1156米）、崂山（1132.7米）、鲁山（1108.3米）、沂山（1031.7米）、徂徕山（1027米）。这六座山，除崂山孤悬海隅，在青岛，其他五座，集中在山东的中南部。泰山、徂徕山，偏西；鲁山、沂山，偏东；蒙山，偏南，皆属泰沂山系。它们当中，泰山最高，南来北往，位置最适中，古人选它当东岳，那是当之无愧。

(二) 山东半岛，泰山南北是分界线

山东多古国，小国林立，大国有三，一曰齐，二曰鲁，三曰莒。这三大国，临淄和曲阜画条线，中点在莱芜。莱芜是夹谷之会的地点，齐长城穿其北，鲁长城穿其南。两国国君是在边境上会面。泰山在莱芜的西边。它的纬度大约为36°16′。这个纬度，是个分界线。此线以北是齐国的地盘，以南是鲁国和莒国的地盘：鲁在西，莒在东。泰山虽属鲁国，但在它的边境线上。

（三）山东半岛，泰山是最重要的祭祀中心

秦始皇巡游天下，最迷山东。他的东巡路线基本上是跑八主祠。什么是八主祠？一是西三祠，配三才：天主祠在淄博的临淄古城，地主祠在泰安的梁父城，兵主祠在汶上，全在内陆。二是东五祠，配阴阳五行：阴主祠在莱州三山岛，月主祠在龙口莱山，阳主祠在烟台芝罘岛，日主祠在荣成成山头，四时主祠在胶南琅琊台，全在海边。它们分属三国：天主、阴主、月主、阳主、日主五祠在齐，地主、兵主二祠在鲁，四时主祠在莒。战国晚期，它们被齐人整合为一个系统，东南西北围成一大圈，核心的核心是泰山。当年，法国汉学的泰斗沙畹来中国，他第一眼迷上的就是这座千古名山。他的第一本书是《泰山》，最后一本书是《投龙》。两本书都和泰山有关。

（四）山东是太阳升起的地方，泰山是五岳之首

周人和秦人，脸是朝向东方。考古发现，秦人的陵墓也向东方。《尚书·尧典》说，日出嵎夷旸谷，"寅宾出日，平秩东作"。东方红，太阳升，山东是太阳升起的地方。山东大汶口，就在泰山的南面。它的陶器，最典型的刻画符号就是表现日出。八主祠，日主祠，祭太阳，位置在山东半岛伸向大海的尖上。最早迎接太阳的地方是成山头。我们登上泰山，一定要看日出，道理就在这里。五岳配五行，五行的开端是东方。泰山当然

是五岳之首。

（五）泰山是历代帝王举行封禅大典的地方

中国的五岳，只有泰山行封禅。这个意义，不仅超出了山东，也超出了五岳。天大地大皇帝大，历代帝王都拜泰山。秦始皇之后，还有五个皇帝来封禅，汉武帝、汉光武帝、唐高宗、唐玄宗、宋真宗。他们在泰山顶上祭天，在泰山脚下禅地，照例要埋玉册。唐玄宗和宋真宗的玉册，山上出过，山下也出过。山上的丢了，山下的玉册，被马鸿逵挖出来，现在在台北故宫，就是这类活动的见证。

总而言之，泰山是代表天下。

三

天下是打出来的。

司马迁说，"或曰'东方物所始生，西方物之成孰（熟）'，夫作事者必于东南，收功实者常于西北"（《史记·六国年表》），历史上，总是西北征服东南。比如我们说的两次"大一统"，就是周人和秦人对东方和南方的征服。

当然，事情也有例外，比如汉朝，就是江苏人打败陕西人，报了亡国之仇。但我们不要忘了，汉朝的汉还是和陕西有关。刘邦起于蜀、汉，司马迁说了，刘邦打败项羽，还是属于西北征服东南。周都丰、镐，秦都咸阳，汉都长安。周、秦、汉、唐，重心都在陕西。

崤、函以东，无论对周人来说，还是对秦人来说，都是他们的新边疆。他们的天下，东扩再东扩，山东是最前沿。这帮陕西人，向前向前向前，一路杀到天涯海角，前面是茫茫大海，天风扑面，什么也看不见。他们是止步于此。

海外神山，虚无缥缈，派人找，找不见，眼前的神山倒有一座，这就是泰山。秦始皇相信，只有登上泰山，他的天下，才画上了圆满的句号。他登泰山，行封禅，告天告地，意义在于宣示主权，就像我们攻下敌人的山头，要在上面插红旗。

中国的两次大一统，都和陕西人占领山东有关。但什么是真正的陕西人，什么是真正的山东人，可并不简单。

周人是真正的西北土著，真正的陕西人。他们占领山东，北封齐太公，南封鲁周公，从此，才有齐国和鲁国。大家都说，太公是山东人，周公是山东人，孔子是山东人。但姬、姜联军来自陕西，周公的老家在岐山，孔子的老家在商丘（他是宋人在鲁的第三代移民）。他们的根都不在山东。

秦人，一般人都以为是地道的陕西人，而且是西北蛮族，比周人还土著。陕西人也最认同秦人（他们的戏叫秦腔）。但秦人不是姬姓，不是姜姓，而是嬴姓，他们的同姓，多在山东，还有一些，扩散到河南、安徽和苏北。住在山东的叫东夷，住在淮水流域的叫淮夷。嬴姓奉少皞为始祖。秦人祭白帝，白帝就是少皞。少皞之墟在哪里？恰恰就在曲阜。

秦人怎么从山东人变陕西人，这件事，司马迁早就讲过。他说，商代末年，嬴姓的一支去了山西，后来变成赵国。另一支去了甘肃，最后定居陕西。最近，清华大学购藏的楚简也证实了这一点。他们也是外来户。

周灭商，大约在公元前1000年。经此事变，秦人的祖先离开了曲阜。鲁人的祖先住进了曲阜。这是一次历史大换位。

大家想不到吧，周公占领的地方其实是秦人的祖庭。800年后，秦始皇重新踏上山东的大地，其实是"大风起兮云飞扬，威加海内兮归故乡"。

从此，泰山才成了一座代表天下一统的山，天下第一山。

2011年8月4日写于北京蓝旗营寓所

避暑山庄

避暑山庄和甘泉宫

避暑山庄在河北承德,是清代的离宫。甘泉宫在陕西淳化,是汉代的离宫。两者的时间距离有1800年,空间距离有1800里,它们之间有什么关系吗?没有。但它们却有不少可以比较的地方,值得玩味和思索。研究中国民族史和中国制度史,读者或有取焉。

一、避暑山庄

避暑山庄建于1703—1792年,地点在河北承德,位置在盛京(沈阳)和北京之间。三点一线,它大约是中间那个点(离北京近,距盛京远)。这个位置值得注意。

为了理解的方便,我想打个比方。

周人从今扶风、岐山一带崛起,沿渭水东进,占领今长安一带,再出函谷关,占领夏地和其中心城市,今洛阳一带,形成三个都邑:岐周、宗周和成周。岐周和宗周(包括丰京和镐京)在关内,成周在关外。清人从东北入关,进入河北北部,从东北到西南,也有三个中心:盛京、承德和北京。盛京是老巢,相当岐周,为第一站。承德是联结东北、蒙古的关节点,相当宗周,为第二站。北京是控制汉地和中国的中心,相当成周,为第三站。盛京是留都(原来就叫承德),承德是陪都(等于第二个盛京),北京是首都。北京在长城以内,承德和盛京在塞外。

一般印象,骑马控弦的游牧民族,他们都是逐水草而居,辗转迁徙,居无定所,像鸟儿一样,海阔天空,自由飞翔。但实际上,他们是候鸟,随季节而迁徙,迁徙有固定路线。游牧人,夏天常在北方或山北的某个草场放牧,冬天则在南方或山南的某个牧场放牧,牧场分夏牧场和冬窝子,彼此之间,也各有分地。匈奴、鲜卑、突厥、蒙古莫不如此。清代皇帝,冬春住北京,夏秋住承德,往来长城内外,也是保留着这样的习惯(主要是康熙、雍正、乾隆时期)。欧洲和俄国的王宫,也有类似情况。

避暑山庄,即热河行宫,是清代皇帝的夏宫。这个地方,我向往已久,但一直没去,近年,借便开会,才第一次踏上它的土地。

这里讲一下我的印象。

第一,以前有位外国朋友跟我说,出北京,往北走,去承德的路上,一路非常漂亮,美得让你喘不过气来。但我的感觉,是司空见惯,没什么特别之处。彼此的眼光不一样。出古北口,回望长城,我会想起斯当东在《英使谒见乾隆纪实》(叶笃义中译本,商务印书馆,1963年)中的描写。两百年前,马戛尔尼率领英国使团前往承德拜谒乾隆皇帝,也是从这里经过。对比于他们境内残存的罗马时期的长城(哈德良长城),他们对这个伟大建筑非常景仰,也非常好奇,曾登临眺望,进行实地测量。书中写道,"自从大一统局面形成之后,长城已大大减少了过去的重要性。随着长城作用的缩减,中国人对它的兴趣也跟着消失。初次来到中国看到这个伟大建筑的使节团员们对之赞叹备至,但陪送前来的中国官员似乎对它不予以任何注意"。长城,秦、汉以下,都是为了拒胡。满、蒙是被拒对象,和汉族的想法当然不同。中国的长城虽有预警和阻延的效用,但不可能把入侵者彻底挡在墙外(罗马长城也一样)。现在的长城是明代的长城,修

弘历哨鹿图

得再好,等于马奇诺防线。满人入关,失去意义,弃之山上,成为古迹,年深月久,凋零败落,是必然结果。

  第二,避暑山庄的修建是和木兰围场有关。木兰围场在承德以北150公里,占地10400平方公里,现在叫围场县。它的位置,正好在漠南蒙古的南缘,盛京的西侧,北京的东北方向,是满、蒙、汉三族相邻的一块三角地,汉族曾以"鞑虏"混称满、蒙,英人称之为"鞑靼之地"。清代皇帝在此会蒙古王公,聚满、蒙八旗进行秋狝,有强烈的象征意义。秋狝是围猎,同时是军事演习。中国古代校阅士卒,也是借围猎行之。春猎叫

避暑山庄丽正门

蒐,夏猎叫苗,秋猎叫狝,冬猎叫狩,四季各有专名(《尔雅·释天》)。但汉族是农业民族,古人有"三时务农而一时讲武"的说法(《国语·周语上》),围猎主要在冬天。清代皇帝不同,夏天避暑,秋天打猎。围猎主要是猎鹿。"木兰"是满语,本身是鹿哨的意思。时间则选在秋高气爽、鸟兽肥壮的时节,套用汉语的说法,当然就是"秋狝"。贵族喜欢打猎,各国都如此。满、蒙也有此好。但清代皇帝在此行猎,还有特殊的政治意义。一是告诫满族子弟,不要忘本,要居安思危,保持尚武之风,发扬"国语(满语)骑射"的满族传统,二是抚绥蒙古各部,受其朝觐,固其盟好。康熙设木兰围场,本来住滦平(喀喇河屯),后来才建热河行宫。他从北京出发,去木兰围场,一路有二十多个行宫,承德最重要,康熙、雍正、乾隆,每年夏五月到秋九月在此避暑、秋狝,一住就是小半年。其地位实相当于陪都。但盛世转衰,嘉庆以下的皇帝,不遵祖制,来的是越来越少。当地满、蒙、汉杂居,经过三百年融合,很难分辨。我和当地满

乾隆书丽正门匾额（汉、满、蒙、回、藏五体）

1965年版"大团结"人民币

族人交谈，口音酷似北京话，但仔细听，还是有一点东北味道。当地厨子擅长做满汉全席。人之口味，各随父母，但好吃的东西，没人拒绝。满汉全席，主要是鲁菜加东北、内蒙古口味，本身就是民族融合的象征。

第三，避暑山庄，山庄本身，让人想起法国的凡尔赛宫。作为皇家园林，和圆明园、颐和园一样，湖光山色，非常美丽。但我印象最深的，是它的门。山庄正门叫丽正门，这个名字是取自元大都的正门。有清一代，是以"外来之君入承大统"，作为征服王朝，宁可认同蒙古人建立的元朝，对汉族复明极为敏感。他们说汉族偏见太深，对元朝的评价极不公允，"历代以来，如有元之混一区宇，有国百年，幅员极广。其政治规模，颇多美德，而后世称述者寥寥。其时之名臣学士，著作颂扬，纪当时之休美者，载在史册，亦复灿然具备。而后人则故为贬词，概谓无人物之可纪，无事功之足录。此特怀挟私心，识见卑鄙之人，不欲归美于外来之君，欲贬抑淹没之耳"（《大义觉迷录》）。这里是满、蒙联络感情的地方，宫门名称就是体现。丽正门，乾隆题的匾，是用清代所谓的汉、满、蒙、藏、回五种字体书写。清朝是五族杂居，当时有《五体清文鉴》。清代图书，有很多是满汉或蒙汉合璧的本子（法国汉学，最初也是满汉兼授）。很多匾额、碑刻、玺印也是数体并行，就像现在各国的国际机场，也是用多种文字（过去主要是英、法、德、俄、日五体，现在偶尔还有中、韩二体）。清朝的五族，汉族是地位不高文化高，书匾，仍以汉字为主，作通行文字，满、蒙次之，藏、回又次之。这种习惯，现在还有保留，如我们花的人民币，凡纸币，上面都印有汉（汉字和汉语拼音）、蒙、藏、维、壮五种字体。五体并用，也是民族融合的象征。

第四，避暑山庄，外面有十二座庙，八座住喇嘛，四座不住。前者即"外八庙"。外八庙的"外"是对北京而言，指其建于塞外。它们从理藩院支银，在北京有办事处。理藩院是当时的民族事务委员会和宗教事务管理局。外八庙是康、雍、乾时期中国边疆政策的象征。溥仁、溥善二寺，是康熙为蒙古各部前来祝寿（六十大寿）而建，为汉式。其他六座，都是乾隆所建。普宁寺，是乾隆为庆祝平定准噶尔部（卫拉特蒙古之一），宴请卫拉特蒙古（西蒙古，即明瓦剌）各部的首领而建，是照西藏三摩耶庙（桑鸢寺）的样式；普佑寺，是蒙古喇嘛的经学院。安远庙，也是乾隆为庆祝平定准噶尔部而建，则仿新疆伊犁的固尔扎寺。普乐寺，是为庆祝杜尔伯特部（亦卫拉特蒙古之一）、左右哈萨克和东西布鲁特归附而建。这四座是藏汉混合式。普陀宗乘之庙（也叫小布达拉宫），是乾隆为四方藩属前来祝寿（他自己的六十大寿和他母亲的八十大寿）和庆祝土尔扈特部（亦卫拉特蒙古之一）东归而建，则仿西藏拉萨的布达拉宫；须弥福寿之庙，是为六世班禅前来祝寿（七十大寿）而建，则仿西藏日喀则的扎什伦布寺（班禅在后藏所居）。这两座是藏式。所有八座庙，都是喇嘛庙。历史上，汉族与北方民族为邻，苦其侵扰，从秦始皇到明太祖，都是靠"高筑墙"。满族以外族入主中原，角色相反，是靠"广修庙"。清代怀柔远人，主要用喇嘛教（黄教，而不是他们原来信奉的萨满教）。满、蒙、藏三族可以一教统之。汉地有佛教，也可相通。只有维、哈等族，因为信仰不同，不适用。

清朝不仅在此接见藩臣，也接见外国使节。如1793年，马戛尔尼率领的英国使团，就是在避暑山庄万树园的黄幄大帐谒见乾隆皇帝。中国古代的"藩"，既是边疆也是外国，两者的概念常有混淆。在乾隆皇帝眼里，英国和蒙、藏藩臣也差不多，只不过距离更加遥远罢了。

二、甘泉宫

中华帝国的王朝史，秦汉是头，明清是尾。避暑山庄和甘泉宫，正好在一头一尾。它们都是帝国盛世的辉煌建筑。

甘泉宫，是汉武帝因秦旧宫而建，大约建于汉武帝建元二年（前139年）前后。它的兴衰，也和国运相伴，武帝最盛，昭、宣弛废，元帝复作，成、哀则时罢时复。汉平帝元始五年（公元5年），王莽奏废武帝诸祠，这里不再是皇帝的驻跸之所。但东汉时期和魏晋南北朝，旧宫仍偶尔被使用，隋唐以来，才湮灭无闻。现在是一片废墟。

去年，去陕西考察，自西安出发，西北行，经三原、泾阳，从谷口入淳化县境，道如深沟，越往北走，越高越平，最后到达这片遗址。

过去，读汉赋，如王褒的《甘泉赋》，扬雄、刘歆的《甘泉宫赋》，我的印象是，这里山川秀丽，宫观玲珑；珍禽异兽，出没其中；繁花茂树，点缀四周。但一路所见，却是满目的黄土，沟沟坎坎，颠颠簸簸（当时正在修路），除了庄稼地还是庄稼地，北面的远山（甘泉山），也是昏蒙一线。那感觉就像西方探险家初入伊拉克。他们很难想象,眼前这个气候恶劣,蚊蝇丛生,野兽出没,强盗横行,贫瘠而荒凉的土地,就是《圣经》和古典作家笔下那个有如仙境的文明之域(凡是古老文明所在,都比较贫穷落后,灾难深重)。

这是一片开阔的塬区,荒烟衰草之中,有十个绿草丛生、大小不一的土堆(夯土台基)耸立其中。其中两个窝头状的土堆,是"通天台"。两台的前面有个小院,是遗址文物保护管理所的工

甘泉宫遗址

作站,则是明清武帝庙的献殿所在。院子后面,两台之间,野地里,戳着两件西汉石刻:石熊和石鼓。石熊,面部残损,但憨态可掬。石鼓,高可齐腰,据说原有魏太和六年艾经、艾程等人的题记,已经看不清,可以看清的是宋政和六年种浩等七人的题记。田埂上,随处可见农民耕地捡出的残砖断瓦,拿起看一眼,都是秦汉遗物。除此之外,一切很平常,就像其他北方农村。历史的记忆,震撼的美丽,静静地埋在这片土地之下,一睡就是两千多年。没有人去发掘,把它从沉睡中唤醒。

空白诱发想象,止不住。我们还是看看古人留下的描写吧。

第一,从地图上看,甘泉宫也是汉胡来往的关节点。它所在的云阳县,本来是义渠戎(可能与匈奴有关)所居,秦昭襄王母宣太后诈杀义渠王,才占有该地。秦昭襄王修长城,是秦始皇修长城的先声。他修的长城是斜穿北纬38°线的长城。始皇拒胡,再修长城,则把汉胡分界线推进到北纬41°线左右,设北地、上郡、云中、九原四郡镇守之,控制匈奴南下的通道。秦末汉初,中原内乱,匈奴南下,占领蒙恬故塞,曾一度把汉胡

分界线回推到秦昭襄王长城,即朝那(今甘肃固原东南)、肤施(今榆林东南)一线。汉武帝再拒戎胡,又把匈奴势力回推到秦始皇长城,即北纬41°线。甘泉宫是在云阳,今陕西淳化县的西北。淳化县又在秦都咸阳和汉都长安的西北。它和咸阳、长安有驰道相连,去长安约三百里(《三辅黄图》卷二)。这个地点,是从两大帝都北上黄土高原的入口。秦、汉在此大兴土木,修建离宫,是以它为北通胡地的塞门。秦人北拒匈奴,是仰赖两大工程,一是自西而东,起万里长城,西起临洮,东至辽东;二是自南而北,修高速公路,以云阳为起点,九原(今内蒙古包头市的西北)为终点,当时叫直道(长约900公里)。直道的起点就在甘泉宫后约4公里的甘泉山上。秦始皇崩于沙丘,他的尸体就是从井陉、九原,沿秦直道,经云阳,送回咸阳发丧。汉代备胡,也是以它为长安的门户。

第二,甘泉宫是西汉的六大宫殿之一。其他五宫,长乐、未央、建章、桂、北,全部集中在长安。长安以外的离宫,名气最大,要数甘泉宫。甘泉宫是因秦旧宫而建,不是一个宫殿,而是一个宫殿群。学者说,它的实际地位是陪都,一点没错。这个宫殿群,也是一座大型园林,当时叫"甘泉上林苑"(有"甘林"瓦当出土),或省称"甘泉苑"。园林是仿长安上林苑(原为秦苑),既是避暑胜地,也是校猎的围场。苑南有大湖,和长安一样,也叫"昆明池"。苑中宫观,是以秦林光宫和汉云阳宫为主要宫殿。此外,还有武帝祷祠神君的寿宫和武帝用事太一的竹宫,以及高光、长定、望仙、七里、增城诸宫,仙人(林光宫内)、石关、封峦、鵷鹊、露寒、益延寿、迎风、储胥、洪厓、弩陆、彷徨、天梯、瑶台、走狗、白虎、温德、相思诸观。甘泉苑南,今淳化县城附近,原来还有梨园和棠梨宫。汉武帝到此避暑、校猎,是在每年的五月到八月,和康熙、乾隆于承德避暑、木兰秋狝情况相似,连时间都几乎一样,围猎也主要是猎鹿。避暑期间,皇帝还在此处理政务(如受郡国上计),接受诸侯王朝觐,特别是处理藩务,宴享外国宾客,派遣使节出塞。如张骞出使西域,就是从这里出发。汉宣帝接受匈奴单于和蛮夷君长朝觐,也在此处。

第三,甘泉宫是汉代最重要的祭祀中心。西汉时期,官方举行祭祀活动的场所是叫"祠畤"。祠和畤,混言无别,细分则有差异,祠是泛称祭祀神鬼的场所(如武帝太祝所领的六祠:亳忌太一祠、亳忌三一祠、冥羊祠、马行祠、甘泉太一祠和后土祠)。畤,则专指祭祀天地、五帝,即举行郊祀的场所(如甘泉泰畤和雍五畤)。畤可称祠(如甘泉泰畤也叫甘泉太一祠;后土祠属于畤,却以祠称),但一般的祠却从不称畤。《史记·封禅书》和《汉书·郊祀志》记载的祠畤,都是国家注册的宗教场所,民祠还不知道有多少。它们有点类似后世的寺庙。但汉代,祭祀祖先的场所多叫庙(如高庙、孝文庙、孝武庙),祭祀神鬼的场所多叫祠。当然,两者也混用,如汉文帝的渭阳五帝庙,既不称畤也不称祠;武帝立后土祠前,高祖已立后土庙,唐宋以来也是把后土祠叫后土庙。武帝时期,其文治武功,也是借助"广修庙",除致力于政治统一、学术统一,还强调宗教统一。武帝和武帝以后,王莽废祠前,西汉祠畤有700多个,其中最有名,是三大祠:甘泉泰畤、汾阴后土祠和雍五畤。甘泉泰畤是祭天中心,地位最高,就是设在甘泉宫。甘泉,在秦夺其地前,固有所谓"黄帝明廷"和"匈奴祭天处",本来就是一个古老的祭祀中心。泰畤,有祭天圜丘,上为太一坛(紫坛),周环五帝坛和群神坛,有如后世的天坛(旁边有紫殿),这是汉族最高的祭祀中心。此外,它还有六座象征武帝怀柔政策的祠庙。三座是胡祠,径路神祠是祭匈奴的刀剑之神;休屠祠应是休屠的神祠;金人祠是祭匈奴供奉的"祭天主",神像是胡貌胡装,用铜铸造,也是虏自休屠。它们都是为胡人而设,既可抚绥远在北方和住在当地的胡人,又可配合汉人自己的宗教信仰。汉族祭天,太一无象。匈奴祭天,则有金人。两种信仰,和平共处,并存于甘泉,是一大奇特景观。三座越祠,是由越巫用一种叫"鸡卜"的巫术,在一种小台上进行祠禳,当时叫"越巫䊧鸐祠"。前者是汉武帝北逐匈奴,借匈奴神祇怀柔匈奴。后者是汉武帝南征南越，借南越巫术怀柔南越。它们很像承德的外八庙。这些庙是当时的天下缩影，有点像现在的世界公园。

甘泉宫的祭天金人是在佛教传入前就存在。佛教传入后，曾被误解为佛教造像。如敦煌莫高窟323窟北壁的初唐壁画就是这样画，崔浩、张守节也有这种解释。其实，这种金人是代表匈奴的天神，它与秦始皇销天下之兵铸造的十二金人是同一类造像，都叫翁仲，并不是佛。前者是直接虏自匈奴，后者则是仿制品，原形还是匈奴的神像。这样的神像被立于甘泉宫中，有如承德普宁寺的大菩萨（高达23米多），有强烈的象征意义（夸张的说法，是一庙可抵百万兵）。它们既是秦汉武功的象征，也是秦汉怀柔的象征。

三、余论：中国早期的"五族共和"

动物凶猛，因为害怕。人类残忍，源于恐惧。他们害怕敌人，子子孙孙，世代传递深仇大恨，早晚一天会复仇。

说到这个话题，和汉征匈奴有关，和休屠金人有关，有个故事值得提起。这就是休屠王太子金日磾的故事（见《汉书》本传）。

金日磾，"金"是纪念汉武帝虏获休屠金人而赐以汉姓，"日磾"盖原名之译音，"翁叔"是汉代常用的名字，则与"翁仲"相配。他以父王不降见杀（初与昆邪王谋降汉，后悔，被昆邪王杀害），而与母阏氏、弟伦俱没入官，输黄门养马。初入汉宫，只有14岁，因为身材高大，相貌庄重，见后宫佳丽，目不斜视，样子长得好，马也养得好，深受武帝喜爱，先拜马监，后迁驸马都尉，随侍武帝左右。武帝对他母亲很好，母死，下令为她画像，挂在甘泉宫中，署曰"休屠王阏氏"，日磾每见必拜，向之涕泣；他的两个小孩，也是武帝身边的弄儿。莽何罗刺武帝，日磾救过他的命,凤有忠孝之名。武帝死后,遗命封侯,不受,与霍光共同辅佐汉昭帝,地位极其显赫,死葬茂陵,谥曰敬侯。我到茂陵参观,见过他的墓。

我说这个故事,是因为我很好奇,古人为什么常常用自己过去的敌人或敌人的后代做近侍或养马?难道他们就不怕孙悟空(官封弼马温,就是养马)大闹天宫,勾践(他也为夫差养马)卧薪尝胆,一洗会稽之耻吗?看来,政治家是要有点胸襟和魄力的,就像人能驯服猛兽,豢养役使之。

古人有这个胆量,也有这个器量。

当今世界,是个充满种族、宗教和意识形态冲突的混乱世界,虔诚有余、宽容不足,巴以冲突是其缩影。犹太教、基督教和伊斯兰教,圣地都在耶路撒冷,一地难容三教。他们根本不能想象,甘泉宫是把汉胡之神搁在一块儿。"和平共处五项原则",在这个靠武力输出一切的世界,声音太小。它使我们不能不对历史上的民族融合进行重新思考。

世界上的国家形态,一直有两条路子。一种是部族纷争,小国林立,长期分而不合,或只有松散的联合,管理水平低下,难以形成强有力的权力中心。一种是大地域国家,政治权力高度集中,科层管理非常系统,疆域广大,人口众多。前者如希腊,后者如亚述、波斯和中国。由于取径不同,政教关系也不同,造成两种"大一统":一种是有统一宗教,没有统一国家,宗教管国家;一种是有统一国家,没有统一宗教,国家管宗教。前者的典型是欧洲各国,后者的典型是中国。

两种国家形态,两种大一统,哪种更好,这里不必谈。很多问题,短期里还看不清。我想说的是,中国在国家形态的研究上有什么意义。

我们都知道,国家的产生是为了制止和控制人类的流血冲突。我们人类比任何动物都更爱自相残杀,也更会自相残杀。对这个物种来说,杀人是最高科学。不同种族、不同信仰的人,怎么在同一片天空底下和平共处,这是一个难题,至今还困扰着人类。在数千年的世界文明史上,我们能看到的最普遍,最简单,也最彻底的办法,就是既消灭其肉体,也消灭其精神（主要就是铲除对方的信仰），挖对方祖坟，毁对方宗庙，灭对方社稷，斩草除根，不留后患。如亚述帝国和蒙古帝国，马蹄所到，剑锋所及，经常是血腥屠城。近代列强瓜分世界，也充满野蛮杀戮，遗风被于今日。征服者为了获取其可怜的安全感，他们觉得，杀死对方的所有居民（即使留下妇孺老弱，也只限于女性，所有男人，必须全部杀光，西周铜器铭文叫"无遗寿幼"），是太有必要了。为了防止意外，坑杀降卒，在古代也极为普遍。

这些都是笨办法。

梁惠王问孟子，什么样的人才能统一天下，古代的聪明人孟子回答说，"不嗜杀人者能一之"，即不是杀人成瘾乐此不疲的人才能统一天下。他的话，并不等于说，不杀人者才能统一天下。这样的"好帝国主义"，从来没有。秦皇汉武，唐宗宋祖，杀人。成吉思汗，康熙、乾隆，更杀。他们都靠杀人取天下，我们不能忘记。忘记这一条，少数民族不答应，周边的国家也不答应。但光靠杀人不能统一天下，孟子的说法完全对。

还有一个聪明人，孔子说，"兴灭国，继绝世，举逸民，天下之民归心焉"（《论语·尧曰》）。"文革"批林批孔，这话批得最多，但是孔子思想中的闪光点。他的意思是说，最好的统治办法还是笼络人心，得人心者得天下，失人心者失天下。人家的国家亡了，要想办法把它重建起来；人家的国君死了，要把他血缘最近的遗属找出来，让他接续香火，保持该国的祭祀；人家的大臣和贤人躲起来，不敢露面或不肯露面，也要三顾茅庐，把他们请出来做事，共襄盛举。

这样的办法，很好，但绝不像有些人以为，全是孔孟发明、儒家传统。实际上，这样的想法，孔孟之前就有，孔孟以后也没断。它们的真正发明者全是铁腕政治家，发明物也不是道德，而是制度。如武王克商，把商纣斩首示众，血淋淋，但下马之始，即表商容之闾，封比干之墓，请商朝遗老出来做事。商王的后代，也授土授民，初封于殷，后封于宋。商的

铁血十八星旗（象征九州十八省）

五色旗（象征汉、满、蒙、回、藏五族共和）

与国也各有分封。就连商的军队殷八师，也被周人全盘接收（虽然同时要移民设监，类似后世的"徙豪强"）。特别是周之"百姓"，传出五帝，各有自己的祭祀系统，春秋战国，散处各地，每个国家都不能一族独大，必与他族共存，兼并各国，统一天下，就更离不开这条。因此，出现五帝并祭的局面（秦最早，也最突出）。

五帝并祭，就是中国最早的"五族共和"。

中国的大一统肇始于秦，但民族矛盾太激烈。制度统一较顺利，思想统一（学术统一和宗教统一）不成功，专恃武力和法律，不足以收拾人心。汉代的办法还是西周的办法，恩威并重，软硬兼施。但对外宣传，还是强调一个"软"字，《尚书》和西周铜器铭文叫"柔远能迩"。对待前朝遗臣，越是名位尊显，越是手下留情（杀小留大，是我们的传统）。汉高祖取天下，不但为七国绝无后者寻找后代（包括秦始皇的后代），维持祭祀，还为造反失败的陈涉置守冢，奉祭血食。汉武帝到处修祠立庙，干什么？就是为了整合天下的不同信仰。一国多教，很符合现代趋势。

汉以后，中国的大一统，内部融合比较成功，但边患无穷，始终头疼。"蛮族入侵"，世界各国都抗不住，只有中国，胡汉之争两千年，各有胜负。中国的领土，就是借这种你来我往，我化你，你化我，而成就其大。单就领土而言，双方各有贡献，但"蛮族"的贡献更突出。历代版

居庸关云台

图,蒙元最大,满清次之,民国、唐、汉又次之,遑论其他。元代和清代,统治者都来自塞北,世界历史上,除近代欧美列强,他们是最大征服者。有清一代,虽深受反清复明的革命党人诋毁,包括章太炎和孙中山,但平心而论,他们能以少融多,把横跨欧亚大陆的众多国家和民族纳于同一个国号之下,反客为主,确实有其独到之处。边疆政策,它是两种"大一统"并用:汉族是以政统教(延续传统),边疆是以教统政(类似欧洲),远比汉族成功。民元以来,孙中山倡"五族共和",是继承清朝。再向上追溯,则是元朝。这点对现代政治很有启发。日本帝国主义推行"大东亚共荣圈",就是模仿清朝和元朝,幸好未能如愿。

蒙古族,在中国的边疆地区,除蒙古本部,在青海、西藏、新疆,到处都留下了他们的深刻影响,居民也散居各地,青海、新疆和西藏,到处都有。清朝在统一政策上,最能认同的是元朝。他们的边疆政策,首先就

避暑山庄和甘泉宫

云台天王像
(陈新宇 摄)

云台《陀罗尼经咒》
(梵、藏、八思巴、
回鹘、西夏、汉六体)

莫高窟六字真言碑（梵、藏、八思巴、回、西夏、汉六体）

元至元通宝（汉、八思巴、西夏、察合台四体）

是整合蒙古各部，蒙平则回定（北疆定则南疆定），青海、西藏也迎刃而解。他们是从蒙古手下接收整个西北边疆，然后借广阔的西北边疆，内控汉地，外纾列强包围的外部压力。

前些年，我到青海访问，去过青海湖、日月山、达赖喇嘛故居和瞿昙寺，到处可见"五族共和"的痕迹。如青海湖边有共和县，共和县里有海神庙，雍正平定罗卜藏丹津之叛，在此与蒙、藏、汉、回会盟，改遥祭为近祭，就是五族共祭。庙中有碑，原题"当今皇帝万岁万万岁"，民国改为"中华民国万岁"，仍袭其礼。日月山，是唐朝与吐蕃会盟，分疆划界的地方。如今，山南山北，还是两幅景色：山南是遍地牦牛，山北是汉式村庄。日月山以北的居民，即使是藏民，也是汉语汉装。达赖喇嘛的家，在平安县红崖子村，现在藏汉杂处，互相通婚，接待我们的人，达赖喇嘛的侄子，根本不会说藏语。瞿昙寺是喇嘛庙，也完全采用汉式。

北京居庸关，有个云台，券门内有《陀罗尼经咒》题刻，是用六种文字：汉、藏、西夏、梵、回和八思巴。它说明，蒙元才是"五族共和"的更早源头。美国学者弗兰克著《白银资本》，强调世界市场的形成，中国本来是老大。其实，讲世界市场的形成，海路，是欧人开辟；陆路，是蒙元开辟。这才是世界市场的本来面目。

清朝认同元朝，良有以也。

2004年11月22日写于北京蓝旗营寓所
（原载《花间一壶酒》，北京：同心出版社，2005年）

北京德胜门城楼

中国城市

中国古代文明是个城市、金属、文字三大要素俱全的文明。这三大要素，年代最早，体系最完备，成就最突出，当属城市。

中国的城市是从中国早期的农业定居点发展而来。新石器时代的考古发掘地点，画在地图上，密密麻麻，就是这些定居点。中国的城市，龙山时期，遍地开花；商周时期，初具规模；春秋战国，形成体系；经过秦汉，大体定型。

秦汉以后的中国，城市的数量和规模没有太大变化，以至后来的地方志，可以在同一个州县下，历述其沿革，一代一代排下来讲。

中国的筑城体系有八大特点，可以总结一下。

(1) 我国城市，城比市更突出

现代汉语的"城市"，见于古书，本来是个合成词，"城"是城墙，"市"是市场。古人使用这个词，总是把"城"放在前面，"市"放在后面，这很有意思。我国城市，传统意义上的城市，宫殿也好，坛庙也好，市场也好，民居也好，所有建筑都围在城里，"市"是围在"城"里。我们心目中的城市，从一开始就是指有城墙的城市。城墙，各国都有，但中国最突出。我国城市，不但外面有墙，里面的坊巷也有墙，哪怕很小的城邑，甚至村镇，都有墙。这和欧洲的传统不一样。欧洲各国的城市（city），多半指村（village）、镇（town）以上，人口比较多、规模比较大的定居点。这种城市，除了国家首都（capital），除了军事要塞（fort）和贵族城堡（castle），不一定有墙。现代城市更是如此，往往一马平川，拔地而起，有个楼群，楼群周围没有墙。它们的城市更强调"市"，和我国相反。

(2) 我国城市，军事功能很突出

城市是个复杂的中心，既是经济中心，也是政治中心，或宗教中心，各国的城市，差不多都是如此，但我国的城市，军事功能很突出，这点不容忽略。我国，历史上战争很多，内战多，外战也多，规模之大，死伤之众，世界上罕有其匹，特别是农业民族和骑马民族之间的战争，对我国影响尤大。城市是定居农业的发明，但不是农业民族单方面的发明。农业民族和骑马民族是老邻居。中国，自古以来，一直受到来自东北森林、蒙古草原、中亚腹地和青藏高原的威胁。中国文明是应对这种挑战的产物。北方民族的入侵，一波接一波，有如洪水，也强化了这一发明。为此，秦汉帝国，因山为势，堑河为防，修筑了万里长城，有如拦洪的堤坝。中华人民共和国的国歌说，"把我们的血肉筑成我们新的长城"，长城确实是中国的象征。欧洲也有长城，如罗马帝国有对付北方蛮族的哈德良长城，波斯西北境也有对付中亚游牧民族的长城，但这些长城都不如中国宏伟。"高筑墙"一直是我们的特点。

(3) 我国城市，自古就强调以中心统摄四方

中国古代的城市规划，有一个理想化的模型，就是周代的王城。《尚书》的《召诰》、《洛诰》，还有今本《周礼》中的《考工记》，都讲到这个城市。周公卜宅洛邑，是把它当作天下的中心。司马迁说，"此天下之中，

广汉雒城遗址出土城砖，
铭文：雒官城墼

广汉雒城遗址出土城砖，
铭文：雒城

四方入贡道里均"（《史记·周本纪》）。我们使用的"中国"这个词，见于西周铜器何尊，原来就是这个意思。我国的城市，不同于欧洲传统的自治城市，不是分散孤立、彼此平行的城市，而是分层设级、有统一的网络。比如先秦时代的城市，有国、都、县、邑四种。"国"是一个国家的首都，一个国家的中心（注意：当时"国"是首都，不是国家。汉代避讳，改"邦"为"国"，才把"国"当国家），"国"以下的次级城市，有"都""县"（"都"是大县），"都"、"县"以下还有各种大大小小的"邑"。它们层层相套，最后归统于"中"。秦汉的郡县，"趋中"的倾向更明显。

(4) 我国城市，多建于近水的平地

中国古代，营建城邑，选址很重要。我国早期城市，三代王都和后来的咸阳、长安、洛阳、开封，基本上都在北纬35°线上。《汉书·艺文志》的《数术略》有一门学问，叫"形法"，就和城市选址有关。班固说，这门学问的第一个特点，就是"大举九州之势以立城郭室舍形"。我国城市选址，非常讲究环境。地理，川随山转，路傍川走，道路交汇处，往往会有城市。古人为城市选址，一定要依托山形水势，并考虑人口、物产、交通等因素。《管子·乘马》有段话非常有名。它说，"凡立国都，非于大山之下，必于广川之上。高毋近旱而水用足，下毋近水而沟防省"。我国城市一般都选在高山之下、广川之上，这是个突出特点。虽然，我国的某些古城，因为位于黄土高原之上，只能利用地势较高的平地筑城，有所变通，但所谓通都大邑，一般都建在黄河流域的低平之地，很少像其他国

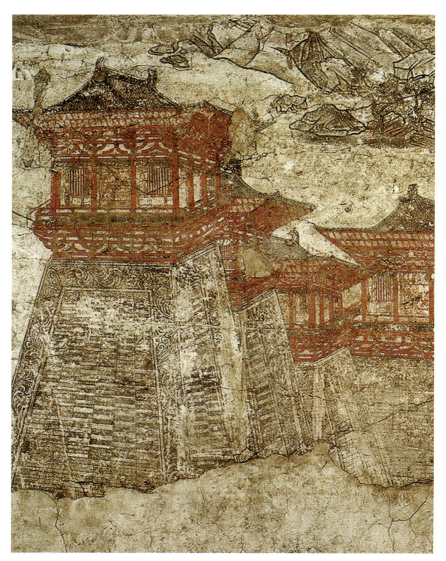

乾县唐懿德太子墓阙楼图

家，把城修在山头或山腰上。

(5) 我国城市，一般都是土城，但很早就包砖

古代城防，主要靠三类设施，第一是城墙，第二是城壕，第三是城楼。城门有门楼，四角有角楼，马面有敌楼，都可用于守望。中国建筑，一般是以石材作房基和台阶，而以木制的梁柱为框架，四面用夯土或砖、墼为墙体，而以斗拱承覆屋顶，上面铺瓦。中国的筑城方法，是属于这一体系。中国古代的城墙多半是土墙。很多古城，还有断壁残垣存于地面，不仔细辨认，就像是旷野中的土垒。中国古代的城，很早就包砖。如北魏洛阳城的阊阖门就已经包砖。《水经注·浊漳水》讲邺城，说"其城东西七里，南北五里，饰表以砖"。还有唐代壁画上的城，宋《武经总要前集》卷十二的《城制图》，也都画着包砖的城墙。

(6) 我国城市，一般都是方城

中国早期城市，5000年前到4000年前（个别可以早到6000年前），有些是圆形、椭圆形或不规则形，但三代以来却日趋方正。我国城市设计，一直都把方城当作主流。古人理想的方城，都是坐北朝南，正方正位，四四方方。例如《考工记》描述的周王城，九经九纬十二门，就是反映这种理想。但早期古城，唯一接近这种设计的例子是曲阜鲁故城。虽然实际上，中国早期城市，几乎没有一个可以完全符合这一标准，《管子·乘马》说，"城郭不必中规矩，道路不必中准绳"，古人并不傻，他们会根据山形水势和居住区的实际范围调整其设计，该曲则曲，该直则直，但这种理想总是隐含其中。中国最后的皇城标本，明清时期的北京城，就是非常典型的例子。

(7) 我国城市，很高很大，自古已然

中国古代的城，文献记载，天子之城（首都）方九里（《考工记》），

大都方三里，中都方一又五分之四里，小都方一里（《左传》隐公元年）。汉唐注疏，据以推论，说公之城方七里，侯伯之城方五里，子男之城方三里。方九里，是长宽各3742.2米，最大；方一里是长宽各415.8米，最小。城墙高度，文献记载，天子之城高九雉，诸侯之城高七雉，都城高五雉（《考工记》）。高九雉是20.79米。前人说，即使最矮的城，也没有低过三雉以下的。高三雉是6.93米。中国古城，早期（前3000—前2000年）已经比较大，很多都属于方一里到方二里的大城。商周古城，像偃师商城、郑州商城，则是方四里的大城。东周古城，一般都在方四里以上，大的可以超过方九里。如燕下都古城、齐临淄城、楚纪南城和中山国的灵寿古城，就都超过这个数字。很多后继的古城还不如这些古城大。郑韩古城，现存地面高度仍有16米，比明清北京城还要高出5米。

(8) 我国城市，人口多，也是自古已然

我国是农业古国，养育人口甚众，虽经战祸，死人无数，还是可以维持在几千万的水平线上。西汉平帝二年（公元2年），我国人口数字是59,594,978人，将近60,000,000人（《汉书·地理志》）。城，西汉晚期，县、道、国、邑，全部加起来，有1587个。当时的县，一般只有一同大小。一同方百里，约合1728.9平方公里。人口平均到县，大县在万户以上，小县在万户以下，全国有七个四万户以上的大城，长安人口最多，可以达到246,200人（《汉书·百官公卿表上》）。公元2年前，我们没有可靠数字。但战争规模，可以提供参考。战国，很多大国都拥有几十万军队，秦国军队，甚至有百万之众。很多大战，杀伤是以十万为计。总体数字，估计与西汉差不了多少。

战国时期，攻城是一件非常残酷的事。《孙子·谋攻》说"十则围之"。《墨子·备城门》也说，当时守城，敌人10万,四面来攻，攻城队形，最宽是500步,4000人足以应之。其他三面，用不了多少人。投入兵力,大约有1万人也就够了,敌我比例正好是10∶1。攻城是十倍于敌,守城是以一当十。

中国古代的军事技术,技术含量最高,要属攻城术和守城术。刘歆《七略》的《兵书略》著录了四种兵书,攻城术和守城术属于最后一种,古人叫"兵技巧"。此类兵书几乎全部散亡,只有一部书保存下来,就是《墨子》的城守各篇。这是讲守城的经典。

《墨子》城守各篇,给我们讲了十二种攻城手段:

(1)临,是一种可以移动的攻城车,形如塔楼,也叫"隆"。对付临车,主要手段是连弩。

(2)钩,是钩车。钩车,有带长臂的钩爪,可甩臂而挥之,用以砍砸城垣。《武经总要前集》有"搭天车"和"搭车",就是这种车。钩车和下面的冲类似,也是用来破坏城垣。

(3)冲,是一种用以破坏城垣和城门的撞城车。《武经总要前集》有"撞车",车上有横梁,悬挂撞木,就是这种车。撞城车,其他国家也有。如亚述宫殿的画像石,上面就有这种车。

(4)梯,古代攻城的梯有三种:一种是像《武经总要前集》的"飞梯",有梯无车;一种是像《武经总要前集》的"行天桥"和"杷车",形状类似飞机舷梯;一种是像《武经总要前集》的"云梯",也在车上搭梯,但不是上面那种斜梯,而是可以折叠展开,比前者更利于延展的梯。

(5)堙,是一种贴着城墙修筑,供士卒攀援城墙的斜坡,也叫"距堙"。古代城墙,下有护城河。攻城的第一步是填壕。"堙"字的本义,就是用土填塞。前面加个"距"字,大概是指在填平的壕沟前面修筑这种工事。攻城土坡,不光中国有,外国也有,如亚述国王辛纳赫里布(Sennacherib)的宫殿画像石,为我们描绘了公元前701年亚述军队围攻拉基什古城(Lachish)的战斗场面,上面就有攻城土坡。后来,考古学家发掘了这座古城,和图中的描绘简直一模一样。它是贴着城墙,往上修斜坡。我们在战国铜器的水陆攻战图上也看到过这种斜坡。

（6）水，是以水灌城。我国古代城市，选点多在道路交汇处，道路多傍川谷，川谷多依山陵，往往襟山而带河，故以水灌城的事，史不绝书。如白起拔鄢，就是用水灌城。《三国演义》，也有关云长水淹七军的故事。古人对付水攻，手段分两种：一种是在城中穿井凿渠，泄水于内；一种是把船绑在一起，当水上的临车和轒辒，运兵突围，决城外河堤，泄水于外。

（7）穴，是"火"字之误。《墨子·备火》已经失传，今本《墨子》没有《备火》，只有《备穴》，所谓《备穴》，其实是《备空洞》之误。历代攻城，水火是主要手段，火攻比水攻更重要，没有火攻，不可思议。如《武经总要前集》讲攻城和守城，就是把火攻、水攻放在一起讲，《孙子》十三篇只有《火攻》，没有《水攻》，把火攻看得比水攻更重要。《武经总要前集》讲火攻，手段很多，除火禽、火兽、火炬、火箭、火毯，还有火炮。当时的炮是抛石器，攻城、守城，两者都用，但守城比攻城用得更多。这种炮已经使用火药，如书中有"火炮"、"火药法"和"炮楼"。

（8）突，是从城墙的薄弱环节突破。对付突，主要靠突门。突门，是从里面开口，并不挖透，必要时才挖透的门。《墨子·备突》提到突门的一个用法，即从突门放烟，用烟熏敌。具体办法是，每个突门，皆设窑灶，备柴艾，候敌突破，打开突门，以塞门车塞之，点火鼓橐（橐是鼓风的皮囊），用烟熏之。《武经总要前集》有"塞门刀车"，就是塞门车。

（9）空洞，是用挖地洞和挖地道的办法攻城。古代攻城，有一种办法，是在城墙上挖洞，内用梁柱支撑，以燃油浇灌梁柱，放火，柱折城崩，有如"爆破"。对付挖地道，主要办法有两种，一种是用眼睛看，即从高处往下看，看地上有什么迹象；一种是用耳朵听，即在城墙的内侧挖井，把大陶瓮扣在井内，让人蹲在瓮里听，听敌人在什么地方挖土，然后对着挖地道，用火烧，用烟熏，用水灌。这类攻城方法，是利用古代挖矿井的办法。如《武经总要前集》讲挖地道，就是采取坑道掘进的方法，有专门挖地道的"绪棚"车。

（10）蛾傅，是用密集的队形，强行登城。"蛾傅"即《孙子·谋攻》的"蚁附"，蛾同蚁，傅通附。它是以蚂蚁缘墙，比喻这种人海战术。战国铜器的水陆攻战图，上面就有蚁附的场面，蚁附的士兵是沿攻城土坡和借云梯来攻城。对付蚁附，主要是靠行临和矢石汤火。

（11）辒辒，是一种装甲运兵车，用以填壕。东汉应劭说，辒辒是匈奴车（《汉书·扬雄传》颜师古注引）。它的车厢是用皮革做成棚状，前面封死，士兵是从后面钻进去。《武经总要前集》有"辒辒车"，就是这种车。

（12）轩车，即古书中的"楼车"或"巢车"。它是一种车上树杆，杆上悬屋，可自动升降的塔楼，有如悬空的楼阁或树上的鸟巢。古代城防，制高点很重要，凭借城楼，可以居高临下。楼车和巢车，是反制措施。这类车，古人也叫"橹"或"楼橹"。《孙子·谋攻》提到的"橹"就是这种"橹"。《武经总要前集》的"望楼车"和"巢车"就是这类车。这种望楼，不仅有活动的，也有固定在地上的。

2010年2月21日写于北京蓝旗营寓所

（原载陈燮君主编《城市足迹馆》，上海：上海文艺出版社，2010年）

禹贡学会旧址

地理也有思想史
——读《从混沌到秩序》

这是2010年中华书局出的新书,副标题是"中国上古地理思想史"。作者唐晓峰,是北京大学环境学院历史地理中心的教授。

他是专门研究历史地理的学者。

我和作者同庚,都是"鼠辈",都在内蒙古插过队,都学过考古,有共同经历。我们早就认识,三十年前,我在考古所(中国社会科学院考古研究所)时就认识。他去美国前,我们一起考察过山西,他去美国后,经常在美国见,太熟。现在,我们在同一所学校,经常一起吃饭,一起聊天。地理学是我们经常谈论的话题,思想史也是我们经常谈论的话题。

考古和地理有缘,两者都是"读地书",所谓"区系类型",所谓"分国分域",都离不开地理。这是我们共同的缘分。虽然我们都离开了考古,但地理是他的专业,我的爱好(业余爱好)。我们一起编《九州》,一起到野外考察,彼此都知道想什么。

当然,他是专家,我不是。他是作者,我是读者。这里说点读后感。

地理是一门脚踏实地的学问,"不积跬步,无以至千里"(《荀子·劝学》)。古人为了获取地理知识,只能跋山涉水,一步一个脚印,一山一水,往起拼凑大地的全景。行走,今天仍然很重要,不是读书、看地图所能代替。可惜，60岁后，我们的膝盖坏了，爬山落下的毛病。

研究地理，从地上看大地，一直凑到眼跟前儿看，固然很重要，但思辨推理、宏观把握也绝对不可少。大地太大，我们太小，虽登临绝顶，不足见其大。我们要想真正读懂这篇"大地文章"，不能不借助思想的翅膀、理论的眼光，让想象高翔于大地之上，借脑力以济目力之穷。

"地理"也有"思想史"吗？此书有很好的回答。

《从混沌到秩序》，很多想法是酝酿于唐博士在美国写成的博士论文（*From Dynastic Geography to Historical Geography,* Beijing: Commercial Press International, Ltd., 2000）。近十年来，他一直在琢磨，怎么才能给"中国上古地理思想史"理出个头绪。正如本书大标题所示，它的叙述对象是"从混沌到秩序"，叙述方式也是"从混沌到秩序"，开头比较虚，一步步朝实里讲，从开辟神话，一直讲到《汉书·地理志》。《地理志》是讲"王朝地理学"，他要探索的是这以前的"地理思想史"。

我理解，它的绪论和十二章是分五部分，下面分别讲一下。

（一）绪论，主要讲思想对地理的重要性，古人的大地观，有古人自己的理解。

现在，讲政区地理和地名沿革，书很多，讲中国地理学史，书也不少，但讲中国地理思想史，书却很少，特别是讲上古部分，书更少。作者思补其阙，主要有感于二事。第一，中国近代学术的转型，值得反省，几乎所有学科都是照搬西方的学术范式，术语转换，体系转换，基本上是单向，我们只是强己就人，在中国材料中找西方概念，用中国材料注解西方概念，比如中国科技史，就是这样写。作者跟我说，他想反过来想一下，看看能不能用中国自己的概念讲中国自己的地理思想，然后再看西方的概念和体系有什么不同，用香港中文大学刘笑敢教授的话，就是"反向格义"（氏著《"反向格义"与中国哲学研究的困境——以老子之道的诠释为例》,《中国哲学与文化》第一辑,桂林:广西师范大学出版社,2007年,10—36页)。第二,我国地理学被彻底西化,主要是取科学化,为此,我们引进了地球观、经纬、海拔、等高线、大地测量、制图学等等,这是凿破鸿蒙,但传统地理学的思考,凡不能用科学概念描述者,基本上都被抛弃,也实在可惜。作者留学美国七年,深知西方地理学非常重视思想,他觉得,传统地理学中的地理观念是个值得重新审视的对象。作者说,"地理知识"不等于"地理学"。"地理学"要叫"学",还得有观念和方法。古人的想法,最好还是用古人自己的概念来描述,不管它们如何不科学。比如古人常用的类比法,即"关联思维"(Correlative Thinking),就是古代很流行的方法。他的书有一大堆旧概念,如禹迹、中国、天下、四方、五岳、九州、四海、五服,这些词都是反复出现的关键词,就是最能表达古代想法的词,很多讨论都是围绕这类词而展开。

(二)第一至三章,是讲中国地理思想的源头,他是从中国的宇宙论入手。

第一章讲开辟神话,主要是盘古开天地、女娲补天。作者说,盘古开天地,从混沌创造秩序,这个故事最重要。古代讲创世,多半是创而复毁,毁而复创,反反复复。女娲补天属于救世,作者叫"二次创世"。我理解,中国神话学也是个值得反省的学科。茅盾也好,袁珂也好,闻一多也好,其实是模仿西方。盘古开天地是模仿《创世记》,伏羲、女娲是模仿亚当、夏娃,大禹治水,也和诺亚方舟的故事有可比性。其实,汉代讲创世,更主流的说法是道论式的说法,即太一生三一,三一生三皇(天皇、地皇、人皇),三皇生九皇,最后是五帝、三王。这类说法,战国已见端倪。如《老子》有"大"、"一"(表示"道"),《楚辞》有"东皇太一",《周礼》有"三皇五帝",对比郭店楚简《太一生水》的宇宙发生学,无疑很古老。盘古开天地,只是民间故事,此说出自三国徐整的《三五历记》,"三五"的意思是三皇五帝。此说出现比较晚,应属旁支。共工怒触不周山,也是一次大破坏,此书归入"其他传说"。我觉得,讲地理,这个传说最重要。我国是块倾斜的大地,西北高、东南低,有三级台阶,河流主要是从西北向东南流,古人做了形象描述。作者引《列子·汤问》和《论衡·谈天》,在35页。它更早的出处是《淮南子·天文》。

　　第二章讲英雄救世和圣人创世,主题是再造秩序,再造秩序是对灾害而言,灾害是秩序的破坏。"英雄救世",指后羿射日、女娲补天、大禹治水,拯民于水火。"圣人创世",指伏羲、神农、尧、舜、禹的发明。这里的"英雄"是个西化的说法,来自希腊神话的翻译。希腊神话

李零和唐晓峰,摄于禹贡学会旧址门口

的"英雄"都是神子,他们在地上斗,背后站着神。我国的"英雄",本来是另一个意思。这个词,出自《太公书》,三国时期最流行,《三国演义》的"英雄"才是正解(指乱世英雄,曹操、刘备、孙权)。"圣人",我国固有,本来是指天生聪明,绝顶聪明,因此可以当全国人民大救星的人。作者强调,灾害是环境观中的一个永恒主题,很对。灾害有很多种,水灾、旱灾、风灾、火灾、地震、海啸,今天仍困扰着人类。我国以农业立国,最最看重的是水旱之灾(古人常把"灾"、"异"放在一起讲,所谓"灾异",不光指灾害,还包括各种反常怪异,带有神秘色彩),其他灾害不太讲。台风、海啸主要在东南沿海,火灾主要在东北大森林,不在中原地区,中原王朝不上心;地震,危害大,古人无法预测,指不定多长时间在哪儿闹一回。作者说的"英雄",后羿、女娲怎么叫,还可讨论,但大禹,按古人的讲法,肯定是圣人。圣人都是上古帝王。他们不光是救世

主,也是各种器用的发明者。发明创造,古人叫"作",《世本》佚篇有所谓《作篇》,就是讲各种器用的发明。发明者都是上古帝王。作者引《系辞》,其实就是讲"作"。

第三章是讲先秦诸子的宇宙论,特别是道家的宇宙论。儒家喜欢强调人,"仁"就是拿人当人,以人为本,以人为中心,天地被淡化。道家不一样,强调人只是天地之间、万物之首的一种创造物,天地之后还有自然,还有道。中国的宇宙论,主要和道家有关,很对。基督教把上帝看作造物主(Creator),把万物和人看作上帝的创造物(creature)。我国不太一样,太一或道,只是天地的本源,万物和人是天地所生,它更强调,世界是个自然生化的过程。道家讲道生天地,当然要讲宇宙论和天人关系。儒家不大讲(宋儒另当别论)。儒家得势后,中国讲什么都是以人为中心。这是整个论述的出发点。

(三)第四至七章,主要讲空间概念的起源。

第四章是从新石器时代的发现说起。此章与前面不同,已经走出上古神话和先秦诸子的哲学表达,进入历史领域。话题是围绕新石器时代考古遗址的空间分布。新石器考古,是研究空间概念比较可靠也比较早的证据。这门学问,目标是什么?公众不了解,考古学家不知道该怎么跟他们解释。其实,它的主题是农业革命。发掘地点,密密麻麻,标在地图上,就是反映早期农业定居点的空间分布。城市的发生,就是以此为基础。作者讲新石器时代的六大区(苏秉琦所分),讲聚落—聚落群—中心聚落的衍生过程,讲各著名遗址的布局,讲早期城市的诞生,讲濮阳龙虎图、良渚玉琮和含山玉版,是想告诉读者,我们的祖先,从很早的时候起,就已经有中心、轴线和对称、天圆地方、四方八位等观念。最后,作者还强调,古代的"图"与"数"是互相配合。

第五章讲四个问题,一是神山,二是式盘,三是天圆地方,四是海洋。第一个问题,神山是昆仑山,五岳也是神山。作者说,昆仑山是"天地之轴"。我理解,"天地之轴",就是古人说的"极"。西人所谓"轴"(axis),是地球自转的轴心,贯穿南极(South Pole)和北极(North Pole)。我国所谓"极",是大地制高点,是山脉辐辏的中心,是"天欲坠,赖以拄其间"的撑天柱。昆仑山是神话的极,远在西方;五岳是现实的极,则在眼前。第二个问题,式盘代表的宇宙模式是盖天说,天是圆的,地是方的,这种模式,古代最流行。第三个问题,作者说,"天圆地方,不是两种形状,是两种秩序。一种秩序是圆,运转、循环,另一种秩序是方,静、稳、厚、定。在运转与静稳格局之间形成复杂关系,人生存在于静稳的地上格局秩序中,但要听从天命。在这个意义上,天是历史,地是社会"。第四个问题,海在古代的作用,主要是隔绝,而不是联系。为此,作者用了一个词,叫"望洋兴叹"。他强调,"在古代中国,不可能有海岛文化领先陆地的事情,海洋绝不是进步的摇篮,海洋是世界的边际"。古人想象的世界,大地是中心,四周是环海,他们所谓"海",是指四顾茫茫看不见的地方。海,既是幻想,也是绝望,让人觉得虚无缥缈。曹操有诗,"日月之行,若出其中;星汉灿烂,若出其里"(《步出夏门行》),以星空比大海,最为得之。海洋也是一种极,代表四方之极。一条线,中心是极,两端也是极。一个方块一个圆,中心是极,边缘也是极。

第六章讲分野,讲天与地的对应关系。古人讲分野,是以地上的山川州郡对应天上的十二次、二十八宿。这种套合,虽然有很多牵强之处,但想法很聪明,有古人的智慧。我们站在地上看大地,看不远,但天却视野开阔。古人想以天地一体的坐标系来为大地定点,和现代的大地测量与GPS在思路上相通。这种思考的代表作,是唐一行的"天下山河两戒说"。他把中国的山脉和水系分为南北两大区,就是模仿以云汉分群星的古代星图。上面讲,海天茫茫,最能惹人遐思,观星和航海,关系很有缘。《汉书·艺文志·数术略》的天文类,有五种书讲"海中星"的占验,就和航海有关。

第七章讲绝地天通,"绝地天通"是个神话。这个神话讲什么,学者有不同解释。我理解,它是讲职官起源,天官和地官的分化。作者重提这个故事,是想强调,天文归天文,地理归地理,地理才能独立。天文地理不分,过去也是个混沌。《淮南子》虽以《天文》、《墬形》并列,但《史记》八书,只有《天官书》,没有《地理书》。《汉书》虽有《地理志》,但它的《艺文志》,没有专门的地理类。作者对《山经》和《禹贡》做比较,很重要。这是中国地理的两大经典。《禹贡》是《尚书》中的一篇,属于儒经,地位比较高,《汉书·地理志》就是祖述《禹贡》。司马迁讲九州山川,只敢用《禹贡》,不敢用《山海经》。《山经》在《山海经》中,其书闳诞迂夸,难以归类。《汉书·艺文志》把它列入《数术略》形法类,当作讲相术的书。《隋志》把它列入史部地理类,始归地理。但《四库》鄙之,改入小说类,不承认它是地理书。近代更有意思,干脆拿它当神话宝库,越虚无缥缈,越兴趣盎然,《海经》比《山经》更吃香。我理解,此书不光讲山,还集本草、博物、志怪于一身,应与寻仙访药的活动有关,其实是神仙家的地理书。它描述的山,都是远离人世的山(有如道教的洞天福地)。作者说,《山经》是讲"神人之际"或"天人之际",《禹贡》是讲"人人之际",这是基本不同。讲地理,山水是两大要素,《禹贡》主水,《山经》主山,各主一路,但不可能光讲哪一种。《山经》和《禹贡》,条块切割不一样。《山经》用五分法,按四方加中央讲,这是讲山的传统。后来的五岳五镇都这么讲。《禹贡》用九分法,九山、九河、九州,都是用九这个数,也是老传统,后来的郡国志,都是祖述《禹贡》。山有山脉,水有水系,《禹贡》讲"导山"、"导水",也很重要。后世讲水,有《水经注》,是以江、淮、河、济等大河(古人叫"四渎")串联沿途的小河,自西向东、自北向南,一路讲下来,这也是祖述《禹贡》。

第七章的结尾,提到一个老问题,值得讨论。

徐旭生说,中国神话比较平淡,不如希腊神话幻想力强,非常神奇。

这引出一种截然相反的评价。一种看法是，西方人说，"上帝归上帝，恺撒归恺撒"，他们把天、地或天、人分为两界，此岸是此岸，彼岸是彼岸，截然不同。他们是天人分裂，我们是天人合一。宋儒讲天人合一，新儒家也讲，这是儒学宗教化的说法。182页脚注所引葛兆光的看法就属这一类。还有一种看法，正好相反，比如我。我是把"绝地天通"当天人分裂。我认为，欧洲和我国都有两界划分，这不是区别所在。真正区别是什么？是他们比我们更强调宗教，我们比他们更强调世俗。他们讲两界，强调的是天人沟通。天人沟通就是天人合一。政教合一就是它的实际体现。我国不一样，正好相反，政教是分开的。天人合一，人神交流，是大众和僧侣的事，政府以外的事。政府，官僚士大夫的世界，完全是世俗世界。中国的国家，是以人为中心，只管人，不管天。天人合一只是局部，天人分裂才是整体。作者讲地理观念的转变，大趋势正是朝这种特点走。

（四）第八至十一章，是讲三代的领土意识。作者不讲夏，直接从商代讲起。

第八章讲商代，主要是利用甲骨文，讲商代的政治空间秩序。重点是两个概念，一是四方加中心，中心是大邑商，外面是四方（包括四土、四戈、四方）；二是内外服，内服是商人直接控制的王畿，外服是王畿以外借职贡朝服间接控制的地区。内服和外服再分，还有很多层，古人习惯以同心方，大方套小方，表示其层次。作者说，商人已知求地中，这点很重要。最近，清华楚简《保训》篇就提到"求地中"。商代疆域有多大，中国学者说很大，西方学者说很小（其最极端的看法，是把商看作小城邦，叫"安阳文化"），关键在于，我们该如何评价其内外服。其实，古人所谓疆域是个复杂概念。商代的核心区包括两个地区，一是今河南北部黄河故道以北的地区（古人叫河内），二是河北南部太行滏口陉以东的地区（秦代的邯郸郡），没问题。但外部有多大，要看它和周边地区的关系。这是个多少带有弹性的概念。

第九章讲"禹迹"。"禹迹"就是后人说的"华"、"夏"或"华夏"。此说托名于禹,古人认为与夏代有关,但作者放在西周讲,算是西周概念。理由见第十一章。作者说,西周的人文地理概念,如中国、禹迹、九州、五服、九服、五岳、四渎,包括区域、景观、符号等多重含义。三代异姓而王,全都认同"禹迹",东周各国也无不如此,这是文化认同。东亚文明,骑马的和不骑马的,很多族源不同的族会融合,相同的族会分化,司马迁说,"子孙或在中国,或在夷狄"(《史记·秦本纪》等)。作者说,"华夷之限不是政治界限,更不是国界,也不是种族界限,而只是文化界限",很对。我国传统,一直这么讲。古人讲文化认同,强调诗书、礼乐、冠带,比较虚。其实,华夷之辨,生活方式更重要。我理解,华夏食于农,住在宜于农耕的地区,夷狄食于牧,住在宜于畜牧的地区,才有"内华夏而外夷狄"的格局。华夏本身,"禹迹"作为区域概念,就是九州。作者讨论九州,用两类材料,一类是传世文献,《禹贡》、《吕氏春秋·有始览》、《周礼·职方》;一类是出土材料,上博楚简《容成氏》。这些文本不一样,非常合理。因为它们都是草图,真正的大一统还在梦中。讲《禹贡》,往上追,固然重要,但更重要的是,《禹贡》所述的地理空间,范围很大,大禹走过的地方和秦始皇走过的地方几乎一样大,对战国文献的作者来说,这是超前的想象。因为当时的"天下"还是四分五裂。大家幻想有这样的天下,后来就有了这样的天下。这个梦,从西周大一统到秦汉大一统是个千年梦想。

第十章讲"体国经野",这话出自《周礼》。这一章,主要是据《周礼》讲周代地域管理的总原则,如国野制度、提封制度等等。春秋战国,礼坏乐崩,也放在这里讲,其实是兼赅两周。《周礼》讲地理,是直接讲制度,不再讲故事。这是它和《禹贡》不同的地方。中国大一统,真正的大一统,当然是秦代的郡县制。但汉儒所谓"大一统",本来却是指西周的封建制。"大一统"这个词,出自《公羊传》隐公元年。战国时期,诸子讲"大一统",是有感于西周"大一统"的破坏,希望创造新秩序。我理解,这才是《周礼》的历史背景。它是个过渡,既是缅怀,也是期待。期待有人能再造"大一统"。后来有人造了,这人就是赫赫有名的秦始皇。谁也想不到,新的"大一统",不但不是回到西周"大一统",还是以消灭这个"大一统"为代价。

第十一章讲《禹贡》。作者强调,"《禹贡》被古人尊为地理之学的不祧之祖,是后世地理文本中反复引用的元典",绝对重要。所以前面讲过,这里又专门讲。第一,从环境考古分析大禹治水的历史背景,提出"水退人进"的推测;第二,根据保利博物馆收藏的豳公盨重新讨论《禹贡》的成书年代,指出《禹贡》是从西周中期到春秋战国层累形成的文本;第三,指出《禹贡》为后来的秦汉一统提供了蓝图,它所倡导的空间秩序,如九州格局、五服等级、分区定位、中央之尊、向心结构等,都是后世地理学的基本原则;第四,指出《禹贡》虽短,却为后世地理学提供了阐发、考辨的广阔空间,历代讲治水、讲山川、讲区划、讲地图,无不奉《禹贡》为圭臬。

(五)第十二章,是全书的最后一章,作者叫"王朝地理之学"。

这一章是讲秦以来的地理观念,秦帝国是以郡县制代替封建制,编户齐民,第一次真正实现海内大一统的国家。作者说,从此"天下观"变成"王朝观"。他说的"天下观"是指秦以前的地理观念,"王朝观"是指秦以来的地理观念。他是拿《禹贡》当前者的标本,《汉书·地理志》当后者的标本,以《地理志》为上古地理思想史的终结。王朝地理学,特点是什么?作者强调四点:一是以郡县制为框架,强调政区史(包括土地史和人口史);二是纳地理于历史,强调历史地理,而不是自然地理;三是以华夏为中心,不再讲四夷,要讲也是另外立传;四是重视水利,对水利的重视超过水文。我理解,这四点,第一点最重要,后世地理书,主要是这一种。地理书,后世算史书,这事比较晚。《汉书·艺文志》没有史书类。

史部是从有了四部分类法才有，四部分类法是从《晋中经簿》才出现。地理自成一类更晚。《隋书·经籍志》，史部分13类，地理是第11类。《隋志》是本梁阮孝绪《七录》。《七录》，史部叫"纪传录"，分12部，其第10部叫"土地部"，就是地理类的前身。研究艺术史，汉唐之间有很多空白，巫鸿有感于此，曾组织中外学者展开讨论。地理学，汉唐之间是关键期，钩沉索隐，同样有很多工作可做。当时，中国分裂，地理学反而大发展，是非常有趣的现象。最后，作者还强调了《地理志》的样板作用，说《水经注》也好，汗牛充栋的地方志也好，都是以它为榜样。

研究地理，有四大经典，《禹贡》、《山经》、《汉书·地理志》、《水经注》。《禹贡》、《山经》、《水经注》详于山川，《汉书·地理志》详于政区，是两大类型。《从混沌到秩序》讲思想，和两者都有关。作者讲"中国上古地理思想史"，重点是《禹贡》，不是《山经》。《汉书·地理志》只是个尾巴，已经出了上古的范围，《水经注》更不用说，也在讨论范围之外。作者读原典，利用了很多古文献材料，考古材料、古文字材料（甲骨、金文和简帛）和海外的地理学名著，也穿插于各个章节，材料很丰富，讨论很深入。

作者的叙述方式，是用"混沌—秩序"作核心概念和贯穿全书的主线，略分早晚，讲地理观念的演变，从天人不分到天人分到以人为中心。每个章节都是围绕这个主旋律，反复变奏。因此，同一文本，可能被反复切割，造成细碎感。思想的脉络很清晰，但每个章节，线头比较多，重复比较多，我想，每个章节，如果能进一步梳理，效果会更好。

这是我的希望。

2010年3月2日写于北京蓝旗营寓所
（原载《中华读书报》2010年3月31日第9版）

毛泽东（八路军太行纪念馆雕塑）

革命笔记
——从中国地理看中国革命

这里，我要讲的革命是1911—1949年的中国革命。予生也晚，两岁以前没记忆。这38年，我只能从书本上学和听父辈们讲。

一、救国地理学和革命地理学

中国史学，非常看重地理，过去叫史地之学。顾祖禹《读史方舆纪要》、顾炎武《天下郡国利病书》、魏源《海国图志》，都可反映这个传统。地理在中国是经世之学。

毛泽东是当代革命家，也是著名军事家。兵家都很重视地理。他曾在广州农民运动讲习所讲地理，唐晓峰做过介绍。

唐晓峰发明两个词，一个是"救国地理学"，一个是"革命地理学"。[1]

我这篇笔记就是讲这两个学。

---

[1] 唐晓峰《人文地理随笔》，北京：生活·读书·新知三联书店，2005年，155—157页和287—295页。

二、革命五色谱

中国所谓"革命",本来是改朝换代的另一种说法,历时几千年。

西人所谓"革命"是近四五百年的事,含义大不一样。年代较早,有尼德兰革命(1566—1609年)、英国革命(1640—1688年)、美国革命(1754—1789年)、法国革命(1789—1799年)和德国革命(1848年)。这五百年的革命,冲击王权,冲击教权,目的是解放资产阶级,通常叫"资产阶级革命"。1871年的巴黎公社是20世纪左翼运动(无政府主义、社会主义和共产主义运动)的先声。近百年,世界上有另一种革命,社会主义革命和民族解放运动。第一次世界大战引发俄国革命(1917年),第二次世界大战成就中国革命(1911—1949年)。

地缘政治引发战争,战争改变地缘关系。到目前为止,任何革命都是在地缘政治的格局下进行。

尼德兰革命是第一场现代意义上的革命,革命的目标是民族独立。

美国立国靠两场战争:独立战争(1775—1783年)和南北战争(1861—1865年)。前者谋民族独立,后者谋国家统一(包括废奴)。

独立和统一,对绝大多数国家,是革命的首要问题,特别是四分五裂被人奴役的国家。

很多国家,革命都不止一次。

俄国革命分两次,二月革命(1917年3月)和十月革命(1917年11月),先唱《马赛曲》(法国革命的遗产),后唱《国际歌》(巴黎公社运动的遗产)。

伊朗革命,既有红色革命(1920—1921年的波斯社会主义苏维埃共和国),也有白色革命(1963年巴列维国王的世俗革命和西化革命),还有黑色革命(1979年霍梅尼的伊斯兰革命)。

现在，俄国已"告别革命"，中国已"告别革命"，但美国和北约一刻不消停，正起劲地搞"颜色革命"。"革命"已经成了颠覆的别名。

"赤橙黄绿青蓝紫，谁持彩练当空舞？"（毛泽东《菩萨蛮·大柏地》）彩虹是雨后的光学现象，每一滴水都折射太阳。

三、中国革命

中国只有白色革命、红色革命，没有黑色革命。中国的两场革命，是由两个现代政党领导，一先一后，互为经纬，交织进行，从1911年到1949年，前后38年。

（一）白色革命：国民党领导的中国革命（1911—1949年）

1. 孙中山推翻帝制、走向共和（1911—1925年）。
2. 蒋介石的北伐战争（1926—1928年）。
3. 蒋介石的剿共战争（1927—1937年）。
4. 抗日战争（1937—1945年）。
5. 国共内战（1945—1949年）。

（二）红色革命：共产党领导的中国革命（1921—1949年）

1. 共产党成立（1921—1924年）。
2. 第一次国内革命战争或大革命（1924—1927年）。
3. 第二次国内革命战争或土地战争（1927—1937年）。
4. 抗日战争（1937—1945年）。
5. 第三次国内革命战争或解放战争（1945—1949年）。

四、欧亚地理太极图

世界五大洲，欧亚大陆得天独厚，地理条件最好，气候条件最好，黍稷稻麦菽，马牛羊鸡犬豕，什么驯化资源都有。人类学家说，它的动植物配方最合理，便于农牧相长，横长竖短，也有利文化传播。

这片大陆，最大国家是俄国，其次是中国。

俄国横跨欧亚大陆，西边挨着欧洲，南边挨着黑海、里海、中亚和中国的新疆、蒙古（外蒙古于1911年独立）、东北。

中国，北邻俄国，西邻中亚，南邻印度次大陆和印度支那各国，东邻朝鲜半岛。

这片大陆的两端各有一个岛国，左边是英国，躲在欧洲大陆的西边；右边是日本，就在俄、中国的家门口。

传统战争是大陆型战争。历史上反复袭扰欧亚大陆，主要是畜牧人（herdsman）或游牧人（nomads）。他们主要分布在横穿北非、西亚的一条干旱带（arid belt）上。这条干旱带很长，西起撒哈拉沙漠，东穿阿拉伯半岛和伊朗高原，从阿富汗北上，经中亚五国，最后折向中国的大西北：新疆、青藏高原和蒙古高原。所有最重要的农业文明都是傍着这条干旱带向四外扩展。

这是欧亚地理的太极图，我叫"阴阳割昏晓"。

历史上的丝绸之路，陆路沿这条线，从中国出发，经中亚和阿富汗，分叉，一条路往伊朗拐，从呼罗珊大道，去小亚细亚，打伊朗北边过；一条路南下印度（今巴基斯坦和印度），连接南亚各国。海路则走南中国海、孟加拉湾、印度洋、阿拉伯海和波斯湾，打伊朗南边过。

历史规律：种地的打不过骑马的，挣吃喝的不如抢吃喝的（或贩吃喝的），就跟虎狼和牛羊的关系差不多。它们的关系是共生关系，谁都离不开谁。

五、海洋包围大陆

中国叫中国，自以为处天下之中，"九天阊阖开宫殿，万国衣冠拜冕旒"（王维《和贾舍人早朝大明宫之作》）。其实中国是被四大边疆包围，历史上，威胁主要来自中国的东北、北方和西部，来自欧亚草原和欧亚大陆的腹地。

现代战争不一样，它是以海洋包围大陆为特点。

海洋国家，从古典时代的希腊、罗马，到中世纪的维京人，到近现代的殖民国家，如荷兰、西班牙、葡萄牙、英国、法国（主要是西欧国家），无不以劫掠和贸易为特点。这些征服者跟草原上的征服者有共同点，不同点是，他们是仰赖舟楫，靠船坚炮利，从海上征服世界。对大陆而言，它们本来是边缘的边缘。但大航海时代来临，边缘反而有优势，越在中间越危险。骑马的又打不过航海的。

19世纪以来，欧洲兵连祸结，表面是法俄争霸或德俄争霸，其实是英俄争霸。俄国的邻居，前边是东欧，后边是德国和法国，英国躲在欧洲大陆西边。谁都拿邻国当挡箭牌。

俄国的最大敌人，西边是英国，东边是日本。英国的背后，日本的背后，地球的另一边儿，还躲着一个国家，这就是现在的老大，美国。美国躲在所有国家背后。

晚清，四裔之学备受重视，一是西北史地，二是南海史地。两边的形势都咄咄逼人。

现在，俄国的核心地区在欧亚大陆中间，它是双头鹰，一头朝亚洲，一头朝欧洲，左顾右盼。美国操纵北约东扩，从西边包抄，日本为美国重返亚太当马前卒，从东边包抄，它是长期被包围。中国遮在俄国前面，也是围剿对象。这是当今世界的"一个中心，两个基本点"。美国布置的C

形包围圈，还包括一个包抄点：澳大利亚。北非西亚，欧洲的老邻居，夹在欧亚之间，也是世界最敏感的地区。

1950年10月27日，毛泽东在中南海接见王季范和周世钊，提到"美国三把刀"，一把从朝鲜，插中国头上；一把从台湾，插中国腰上；一把从越南，插中国脚上。[1]

海洋包围大陆，改变了中国历史的重心，但陆权和海权的斗争并未结束。

六、虎视鹰瞵

中国的第一次开放是被迫开放，客是不请自来，门是被人砸开。

（一）门户开放

中国开放最早是东南沿海。第一次鸦片战争（1840—1842年）后，香港被割让给英国成为殖民地（1842年）。1843年，五口通商。五个通商口岸，广州、厦门、福州、宁波、上海，全部在长江以南。1898年广州湾（今湛江市）成为法国租借地，时在中日甲午战争（1894—1895年）

---

[1] 原话是"毛泽东说：朝鲜局势日趋紧张，这段时间我们为了讨论这个问题，有很多天是睡不着觉的。但是，今天我们可以高枕而卧了，因为我们的志愿军已经出国了。他说：我们急切需要和平建设，如果要我写出和平建设的理由，可以写有百条千条，但这百条千条的理由不能抵住六个大字，就是'不能置之不理'。现在美帝的侵略矛头直指我国的东北，假如它真的把朝鲜搞垮了，纵不过鸭绿江，我们的东北也时常在它的威胁中过日子，要进行和平建设也有困难。所以，我们对朝鲜问题，如果置之不理，美帝必然得寸进尺，走日本侵略中国的老路，甚至比日本搞得更凶，它要把三把尖刀插在我们的身上。从朝鲜一把刀插在我们的头上，从台湾一把刀插在我们的腰上，把越南一把刀插在我们的脚上。天下有变，它就从三个方面向我们进攻，那我们就被动了。我们抗美援朝就是不许它的如意算盘得逞，'打得一拳开，免得百拳来。'"见中共中央文献研究室编《毛泽东年谱（一九四九——九七六）》，北京：中央文献出版社，2013年，第一卷，230页。

后，也在长江以南。英法的利益主要在长江以南。

长江一线，除上边提到的上海，镇江、南京、九江、汉口、长沙、重庆也相继开埠。镇江、九江、汉口开埠最早（1861年），在第二次鸦片战争（1856—1860年）后，重庆开埠比它们晚一点儿（1890年）。南京开埠（1899年），长沙开埠（1904年），年代更晚，在甲午战争后。

中国沿海城市，旅大（旅顺口和大连湾）、秦皇岛、天津、登州（今蓬莱市）、威海卫（今威海市）、胶州湾在北方。它们，只有天津开埠早（1860年），在第二次鸦片战争后，其他多在甲午战争后。1897年，旅大被俄国强租，青岛被德国强租。1898年，威海卫被英国强租。秦皇岛开埠也在1898年。

列强看重的是沿海沿江，第一是珠三角，第二是长三角，第三是天津。珠三角是西人登陆中国的第一站，长三角是长江入海口，天津是北京的门户。1900年以前，中国的沿海沿江基本上全部开放。[1]

（二）列强的势力范围

1900年攻占北京的八国联军是德、奥、意、英、法、美、日、俄八国。第一次世界大战后，奥地利衰落。现在的G8，除加拿大代替奥地利，还是这批国家（最近，因乌克兰事件，G8把俄国开除）。

俄国：势力范围主要在中国的东北、蒙古和新疆。中国四大边疆，有三大边疆与俄国接壤，大片领土被沙俄侵占。东北，黑龙江以北、外兴安岭以南，清朝就丢了，面积约100万平方公里。1896年，沙俄修中东铁路，[2] 控制整个东三省。1897年，沙俄强租旅大。蒙古，1911年，在沙俄

---

[1] 1984年，中国再次改革开放，首先开放的还是这批城市。
[2] 中东铁路（"中国东方铁路"的简称）是西伯利亚铁路穿越中国段，西起满洲里，中经哈尔滨，东至绥芬河，现在叫长春铁路。哈尔滨至大连的支线，现在叫哈大线。西伯利亚铁路是横贯俄国全境的生命线，西起莫斯科，东至海参崴（今符拉迪沃斯托克）。

策动下，外蒙古趁辛亥革命独立。[1]1924年，受苏联支持，蒙古人民共和国成立，面积约170万平方公里。新疆，沙俄根据不平等条约划界，也划走了约44万平方公里。1917年，十月革命后，苏联宣布废除中俄签订的所有不平等条约，但当时的地缘格局使这一切无法实行，苏联的安全战略和外交政策不能不顺应帝国主义的游戏规则。[2]

德国：势力范围主要在山东。1897年，德国远东舰队，借口巨野教案，强占胶州湾。

日本：不断蚕食中国。第一步，侵占琉球，以琉球为跳板，向台湾、福建扩张（1879年）。第二步，通过甲午战争，迫使朝鲜脱离中国，中国割让台湾、澎湖和辽东给日本（1895年）。[3]第三步，通过日俄战争（1904—1905年），正式占领朝鲜和辽东，从俄国手中夺取中东铁路南下支线的长春—旅顺段（即后来的南满铁路）和旅顺口，与俄国瓜分东北（1905年）。第四步，取代德国，侵占胶州湾，向山东和江浙扩张（1914年）。第五步，通过"九一八"事变（1931年9月18日），侵占整个东北（1931—1932年）。第六步，通过卢沟桥事变（1937年7月7日），发动全面侵华战争，占领中国的东半（1937—1945年）。

英国：势力范围主要在东南沿海和长江流域。英国占有印度、阿富汗、缅甸，在中国西部与俄国争霸，对中国西南垂涎欲滴。英国两次入侵西藏，一次是1884—1888年，一次是1903—1904年。他们一直盘算的是，如何让西藏脱离中国，与印度连片，纳入英联邦。

法国：势力范围主要在广东、广西、云南。中法战争（1883—1885

---

[1] 清朝分蒙古为三：八旗蒙古、内属蒙古和外藩蒙古。外藩蒙古分内札萨克蒙古和外札萨克蒙古。内蒙古即内札萨克蒙古，外蒙古即外札萨克蒙古。
[2] 1944年，在苏联策动下，新疆发生脱离国民党统治的三区革命。1945年，雅尔塔协议把日本的北方四岛划归苏联。在该协议的压力下，国民政府正式承认外蒙古独立。
[3]《马关条约》规定，中国割台湾、澎湖和辽东于日本，后因俄、法、德三国干涉，日本暂时归还辽东于中国。

年）后，越南脱离中国。1887年，法国占有越南、老挝、柬埔寨，成立法属印度支那联邦，[1]因此对两广、云南最感兴趣。

美国：迟来后到，主张门户开放、利益均沾（1899年）。他们的切入点是办学校、办医院。

早期洋务是从通航、通邮、修铁路、开洋行、办工厂、买洋枪洋炮开始。

七、瓜剖豆分

欧洲传统是小国寡民的自治传统，主分不主合，以为合必专制，分才自由，一向看不惯东方大国，以为大国一定要分，即便合，也只能是自治基础上的联邦。他们的"现代国家"是这种概念，推己及人，认为所有国家都得符合这一标准。

中国是个大蛋糕。列强认为，蛋糕这么大，谁也不可能一口吞下，最好分坐一圈，一口一口，切开来吃。当时的欧洲漫画，他们自己就这么画。西方在中国推行民主，好鸡为什么下不好蛋？原因是，民主在所有落后国家都是一味虎狼之药，实际含义就俩字：解体。

清室逊位，中国陷入四分五裂，由北洋军阀割据中国。北洋三系：皖系（段祺瑞）、直系（冯国璋、曹锟、吴佩孚、孙传芳）、奉系（张作霖）。1920年7月，直皖战争后，皖系衰落，剩三大军阀：

1．吴佩孚（直系），占河北、河南、湖北、湖南。
2．孙传芳（直系），占江苏、浙江、福建、安徽、江西。
3．张作霖（奉系），占东北、山东。

---

[1] 英法瓜分印度支那，缅甸归英，越南、柬埔寨、老挝归法，泰国为中间地带。

民初，中国学美国，纷言"联省自治"。"联省自治"等于军阀割据，首先提出者是梁启超。

现代民主：政客代表政党，政党代表利益。选举是选利益集团。中国的利益集团是中国解体的产物，谁能当选，关键不在中国老百姓，而在操纵中国政局的西方列强。

八、革命起于南方

清代末年，中国的第一次改革开放叫洋务运动。改革开放的第一个利益集团是曾胡左李和张之洞。他们都是靠打太平天国和办洋务起家，门生故吏，世受皇恩，但真正挖个坑把大清王朝埋了，正是这批"中兴之臣"的继承者。

北洋军阀出自袁世凯的新军，袁世凯的新军出自李鸿章的淮军，李鸿章原来是湘军的幕僚。

毛泽东说，"辛亥革命后，一切军阀，都爱兵如命，他们都看重了'有兵则有权'的原则"，"中国也有些不要军队的政党，其中主要的一个是进步党，但是它也懂得必须靠一个军阀才有官做"（《战争和战略问题》）。进步党是梁启超的党。

民国，南方革命，北方保守。北方的历史遗产是北洋军阀，南方的历史遗产是华侨和会党。中国的功夫片跟这种背景分不开。

革命，离不开钱和枪。中国的政客都是从西方列强借钱筹款买军火，认准的是这个普世价值。他们既代表中国有钱有枪的人，也代表外国有钱有枪的人。改革开放，南方得风气之先，但孙中山革命，要钱没钱，要枪没枪，只能靠华侨、会党。

清朝末年，南方人常把北方人（广东人叫"北佬"）视为胡虏，至少是胡虏的帮凶。反清复明，一定要从南方打到北方去，这是明代的历史遗产，也是华侨、会党的核心思想。国民党，背景是美洲、南洋的华侨和青红帮。孙中山是致公堂的洪棍，[1] 蒋介石的背景是上海滩上的青帮。孙中山的革命是以广东为出发点，蒋介石的革命也跟奉化分不开。老家对他们很重要。

共产党是受十月革命影响产生的党，跟国民党不一样，国际背景不一样，社会基础不一样。但这个党是通过国共合作发展起来，没有国民党就没有共产党。

共产党和国民党都是从南方起家，早期参加革命者以南方人居多。如黄埔一期生就以湖南、广东籍最多。

九、革命的老师

列强选择代理人，从来都是强者优先，谁有实力承认谁。

弱国无外交。同样，弱国内部的政治势力也如此，没有实力的政党和政治家，不可能得到列强承认。凡是失去控制能力的政客，说蹬就蹬。

中国的北方挨着俄国，西边是新疆，中间是蒙古，东边是东北。四大边疆占了三个，两国有漫长的边境线。这决定了中国与俄国有密不可分的关系。清朝的理藩院，除了负责处理与蒙、回、藏三族有关的民族事务，还负责处理与俄国有关的外交事务。

中国的东北方向有日本，日本是靠打中国（甲午战争）、打俄国（日俄战争）起家。其称霸世界的野心主要瞄准两个方向，一是夺取临近中国沿海的第一岛链，二是夺取中国的满蒙，前者对英美的利益有直接威胁，

---

[1] 致公党原来叫致公堂，是美洲的洪门组织（红帮）。

后者对俄国的利益有直接威胁。

俄、日、德,利益偏重北方,英、法、美,利益偏重南方。

俄、日都在北方,俄国和日本互为克星。英、美宁愿坐山观虎斗,让它们死磕。

北伐,只有苏联支持。抗战,1937—1941年,也只有苏联支持。抗战初期,德国一度帮助中国,目的是阻止日本南下,诱使日本打苏联,但诺门罕战役(1939年)后,日本改为南下,剑锋直指英美。英美见死不救,结果是搬起石头砸了自己的脚。

苏联支持中国革命,既有共产主义运动的考虑,也有战略安全和地缘政治的考虑。孙中山说,中国之革命必以俄为师,国共两党都曾师事之。但中国革命反而有点像美国革命。

中国革命的目标:第一是民族独立(中国的独立战争),第二是国家统一(中国的南北战争),这是国共两党的共同目标。

美国历史学家认为,无论国民党,还是共产党,它们领导的革命都是民族主义(或国家主义)性质的革命,跟苏联的革命不一样。其实,被压迫民族一直是世界的大多数,民族解放运动比社会主义运动更有基础,也更有普遍意义。

十、中国地理太极图

《淮南子·天文》:"昔者共工与颛顼争为帝,怒而触不周之山,天柱折,地维绝。天倾西北,故日月星辰移焉。地不满东南,故水潦尘埃归焉。"毛泽东《渔家傲·反第一次大"围剿"》有一句,"不周山下红旗乱",他说共工是"胜利的英雄"。

这个故事讲什么?讲的是中国的地形。小时候学地理,我们就知道,从黑龙江瑷珲到云南腾冲画一条线,西北高,东南低。中国是块倾斜的大地,从海边到帕米尔高原,分三个阶梯,500米以下一级,1000—2000米一级,4000米以上一级。西北、西南是个半月形文化传播带,东南沿海也是个半月形文化传播带。

这是中国地理的太极图。

其实,北京把着第二阶梯的一个角,也是这么一个地势。

中国早期,重心在西北。西北是个"高压槽",风是上风,水是上水。

中国有四京,西京(长安)比东京(开封)早,北京(燕亳)比南京(金陵)早。

兵法,西北为阴,东南为阳,讲究"右倍(背)山陵,前左水泽"(见《史记·淮阴侯列传》韩信引《兵法》)。兵家一向以西北伐东南为顺势,以东南伐西北为逆势。

十一、中国的东西南北

中国的东西是以晋陕峡谷间的黄河为分界线。早先,函谷关以东是一块,函谷关以西是一块。晚一点儿,潼关以东是一块,潼关以西是一块。

中国的南北是由秦岭、淮河分界。人,南方和北方不一样,就连桔子都不一样。"桔生淮南则为桔,生于淮北则为枳,叶徒相似,其实味不同。所以然者何?水土异也。"(《晏子春秋·内篇·杂下第六》)

历史上的交通要道,南北干线是大同到洛阳和洛阳到荆州的古道,[1]东西干线是沿渭水和南河(灵宝到郑州的黄河)去连云港的道。两者构成

---

[1] 山西南边是以太行、王屋、中条山封底,东南的出口是沁阳(太行陉)、济源(轵关陉),中间的出口是平陆(虞阪古道和茅津渡)、西边的出口是永济(蒲津渡)、芮城(风陵渡和大禹渡)。

一个大十字。

战国纵横家,所谓合纵是晋楚合纵(确切讲,是三晋加燕,与楚合纵),所谓连横是齐秦连横,就是围绕这个大十字。

十二、从北方看中国

(一)横着看

自古胡骑南下,长城沿线有若干突破口。

1. 河北方向,幽燕之地,秦有辽西、右北平、渔阳、上谷四郡。秦长城在沈阳—赤峰一线,明长城偏南,今山海关(榆关)、喜峰口(卢龙塞)、古北口、居庸关是明长城上的四个突破口。北方民族,凡从东北进北京,多选山海关、喜峰口、古北口入;[1] 凡从内蒙古进北京,多沿张家口—宣化—怀来一线,从居庸关入。[2]

2. 山西方向,秦有雁、代二郡。凡从内蒙古进山西,多选大同。打下大同打太原,从太原南下,走长治、高平、晋城,可去洛阳,走临汾、运城、永济,可去西安。[3]

3. 陕甘宁方向,也有五个秦代边郡:北有云中、九原,南有上郡、北地、陇西。这五个郡遮着八百里秦川。云中、九原在内蒙古,位于黄河以北,阴山以南。上郡在陕西北部,北地、陇西在宁夏和甘肃东部。河西走廊,汉代还有武威、张掖、酒泉、敦煌四郡。北方民族南下,翻越阴山山脉(山上有秦长城),有三条道可选:一条走东路,从云中(在托

---

[1] 满人进北京,最初选喜峰口、古北口,后来从山海关入。抗战,日军从东北进天津、北京,曾在山海关、喜峰口、古北口与中国军队激战,目的是控扼津浦、平汉二线。
[2] 抗战,日军在南口(军都陉南口)与中国军队激战,目的是控扼平绥线。
[3] 汉有白登之围,明有土木之变,都跟守大同有关。抗战,日军从大同南下太原,有忻口会战和太原保卫战。

克托县古城乡），沿黄河南下；一条走中路，从九原（在包头市九原区麻池乡西北），穿内蒙古的鄂尔多斯市（旧伊克昭盟）和陕西榆林、延安南下，秦直道是古代连接九原、甘泉，直达咸阳的国防高速，就从这里过；一条走西路，逾高阙塞（在巴彦淖尔市临河区），从河套地区，沿黄河南下。

（二）竖着看

汉地纵深，从北到南，分三道防线：

1．长城线：山海关—北京—呼和浩特—包头—嘉峪关，今京沈、京包、包兰、兰新四线大体在这条线上。这条线大约在北纬40°或41°上下。这条线上的古城多半都是边塞。秦皇汉武的北巡主要走这条线。

2．黄河线：兰州—宝鸡—咸阳—西安—洛阳—郑州—开封，今宝兰、陇海二线大体是沿这条线走。这条线大约在北纬35°上下。中国早期的都邑和大城市主要在这条线上，秦皇汉武的东巡和西巡主要走这条线。[1]

3．长江线：长三角—九江—荆州—重庆。这条线大约在北纬30°上下。秦皇汉武的南巡主要走这条线。

十三、两次大一统

武王克商、周公东征是中国的第一次大一统。周人是从陕西崛起，东土是靠五侯九伯镇抚。五侯者，齐、鲁、晋、卫、燕。如果加上孔子周游的宋、曹、郑、陈、蔡，还有西方的秦，南方的吴、楚，就是《史记》的

---

[1] 正定、太原、榆林、武威，在上述两条线之间，大约北纬38°，是汉胡拉锯的地方，也很重要。

十二诸侯（鲁不在十二诸侯之列，加上鲁，就是十三诸侯）。

洛阳，四方入贡道里均，是本来意义上的中国，虢、郑在它两旁，晋国在它背后，楚国当其正南。周室东迁，晋郑是依。一部春秋史，郑虢争政是序幕，晋楚争霸是高潮。长江流域和南中国，楚最发达，吴越次之，巴蜀又次之。

秦灭六国和东西周是中国的第二次大一统，还是从陕西征服中国。

历史上的统一，成事者皆以西北伐东南，只有项羽的反秦复楚和朱元璋的反蒙复汉是例外。项羽麾师北上，一把火把咸阳烧了，定都彭城（徐州），一心想的是衣锦还乡，不足成大事。刘邦兴于蜀汉，以长安为都城，才是明智之举。朱元璋取天下，从安徽起事，定都南京，但燕王朱棣发动政变，还是迁都北京。

十四、金陵王气

南京是六朝古都，在南方，位置突前，守着长江天堑，对江浙很重要，对东南沿海很重要，从孙权起就是南方最重要的古都。朱元璋之后，洪秀全、孙中山、蒋介石都曾把首都定在南京，但没有一位真正统一过北方。

古人说金陵有天子气，被始皇东巡镇住，500年后才能抬头（《晋书·元帝纪》）。500年后，正好是晋室南渡，定都建康。南京不能统一北方，这不是因为秦始皇把它镇住了，而是因为中国的重心，早期一直在西北，周秦汉唐都是从陕西、山西取天下。它的北方有个非常广阔的骑射游牧带，时刻威胁着整个中国，离它太近不行，离它太远也不行。宋以来，中国的经济中心不断朝南方（南京、苏杭）转移，但政治中心反而往北挪，最后竟然挪到长城线上。此不可不察也。

十五、中国版图

中国的版图不是一下子形成,而是靠通婚通商、文攻武卫,长期来往,逐渐形成。种地的安土重迁,不爱主动出击,但骑马的时来袭扰,总得备战应急。你打我,把我裹进去;我打你,又把你裹进去,雪球越滚越大,互为主客。

中国的领土扩张多半是被动扩张。特别是元代和清代,汉地被满蒙兼并,领土是这样被扩张。

中国的现代版图是继承清代,清代是继承元代。这两个王朝都是由异族入主中原,反客为主。满蒙统治中华都是以夷治华,以四裔治中国。清朝继承元朝,它是靠满蒙联姻和喇嘛教控制四大边疆,即东北、蒙古、新疆、西藏,然后又靠四大边疆控制汉地十八省。满人把直隶(今称河北)、山西、江苏、浙江、安徽、福建、江西、山东、河南、湖北、湖南、广东、广西、四川、贵州、云南、陕西、甘肃叫本部十八省,即内地十八省,后加新疆、台湾为二十省,台湾割让后,又立东三省,黑龙江、吉林和奉天,为二十二省。民国以来,1928年,还增建了热河、察哈尔、绥远、青海、西康等省。[1]

内地十八省是秦皇汉武奠定的中国版图。它只是中国领土的一半,另一半是清朝的四大边疆(东北、内外蒙古、新疆和青藏)和台湾[2]。内地十八省加四大边疆和台湾,才是中国的版图。

中国是多民族国家。文字,元代有六体:梵、藏、八思巴、回鹘、西夏、汉,清代有五体:汉、满、蒙、回、藏(当时所谓"回"是泛指信仰

---

[1] 今之 23 省,是内地 18 省减广西、加东三省、青海、台湾、海南。海南省是从广东省分出。
[2] 《中华民国临时约法》宣布,中国的领土为二十二行省和三大属地,十八行省之外加四个行省,东三省和新疆省,三大属地是蒙古(内蒙古和外蒙古)、西藏和青海。今之五大自治区,内蒙古、西藏是来自三大属地,广西、新疆是改省为自治区,宁夏是从甘肃分出。

伊斯兰教的各族人民)。现在的人民币,背面右上角仍用汉、壮、蒙、维、藏五种文字书写"中国人民银行"。三者一脉相承。"五族共和"不是孙中山的发明,而是少数民族的发明。

中国,从领土面积讲,汉族和少数民族各占一半。历史也是一半一半。中国历史不光是汉族的历史,也是少数民族的历史。

十六、中国地理经络图

人体有人体的脉(任督二脉和十二经脉),地理有地理的脉(山川经界)。《汉书·艺文志》有形法家,"形"是"大举九州之势以立城郭室舍形",跟看风水有关;"法"是"人及六畜骨法之度数",跟相术有关。当时还没有一门学问叫地理学。形法家,山形水势是模仿人体构造。山水是骨架,道路是经络,城邑是穴位。

我把自古及今最重要的交通要道说一下。

(一)关中五道

1．关中道:宝鸡—凤翔—岐山—咸阳—西安—临潼—华阴—潼关(大体相当今陇海线西段)。

2．陇西道:宝鸡—陇县—天水—定西—兰州—武威—张掖—酒泉—嘉峪关—玉门—哈密(大体相当今宝兰线+兰新线)。

3．蜀道:关中到汉中有褒斜道、子午道、陈仓道、傥骆道,汉中到四川有金牛道、米仓道、荔枝道。陈仓道:宝鸡—汉中—剑阁—成都(大体相当今宝成线)。

4．秦直道:咸阳—淳化—包头(在今西包线的西侧)。

5．武关道:西安—蓝田—南阳(过去没铁路,现已通车)。

(二）关外九道

1．大同—延庆—北京，穿军都陉，与长城平行。长城沿线，从北京往西，有旧平绥路和今京包线，往东，有今京沈线。

2．大同—浑源—灵丘—涞源—顺平—定州—正定，穿蒲阴陉。此道久废，但原来却是北魏皇帝南巡的要道。

3．大同—太原—永济，大体相当今同蒲线。

4．太原—正定，穿井陉，大体相当旧正太路、今石太线。

5．太原—长治—高平—晋城—沁阳—洛阳，穿太行陉，大体相当旧白晋路、今太焦线。

6．长治—邯郸，穿滏口陉，大体相当今长邯线。

7．洛阳—南阳—襄樊—荆州，今焦枝线经洛阳到襄樊。洛阳到南阳，旧称宛洛道（三鸦路）；南阳到襄樊，旧称宛襄道；襄樊到荆州，旧称荆襄道。

8．灵宝—三门峡—洛阳—偃师—郑州—开封—商丘—徐州—连云港，大体相当今陇海线东段。

9．绍兴—苏州—徐州—邹城—曲阜—泰安—济南—天津—北京，大体相当旧平津路＋津浦路＋沪宁路＋沪杭甬路和今京沪线＋沪杭甬线。

(三）海路

广州—厦门—福州—宁波—上海—连云港—胶南—荣成—烟台—龙口—莱州—天津—秦皇岛—绥中。

(四）江路

上海—南通—镇江—南京—芜湖—铜陵—安庆—九江—武汉—荆州—宜昌—重庆。

第一次世界大战，铁路对陆战很重要。1949年以前，中国的战争主要是陆战。日本人和国民党都把抢占铁路、夺取城市看作战略目标，共产党是让开大路占两厢，动不动就搞破袭战，等于掐脉点穴。

十七、历史总是出人意外

历史有连续性，连续性体现为惯性。

人总是被历史的惯性误导，就像开车，刹车太猛，自己把自己吓一跳，猛然掉头，脑筋跟不上急转弯。

革命的真实感好像鬼打墙：一脚深，一脚浅，跑了半天，没准儿回到原地。如何摆脱鬼打墙？历史的必然性总是通过偶然性开道——绝处逢生。

绝处逢生，不可能事先想到。

下面我要讲，中国革命，每一段都有每一段的惯性，每一段都被偶然事件打断，充满戏剧性。

十八、从"驱除鞑虏，恢复中华"到"打倒列强，打倒军阀"

大漠好像大海，汉地好像陆地。航海都是顺边溜。骑马民族最发达的地区往往都靠近汉地，好像航海顺边溜，停靠于一个个港湾。

世界上的各大文明差不多都是农牧互动的结果。农业文明和畜牧文明，缠绕纠结，好像卫星云图上的气旋，农业文明在内，吸着，游牧文明在外，卷着，一会儿吸进来，一会儿甩出去，谁也离不开谁。

中国历史是汉族和少数民族共同创造的历史。

历史上，汉与氐羌、西南夷、吐蕃、党项，即今之藏、羌、白、彝等族关系最密切。汉语和藏语同属汉藏语系。周人姬姓，羌人姜姓，一直通婚。周代的统治集团是姬姜联盟，吕尚（小说中的姜太公）是武王的岳父，周人称舅氏。这比文成公主嫁松赞干布早得多。

中国北方，阿尔泰语系各支，肃慎、濊貊、东胡、匈奴、鲜卑、突厥、回鹘、蒙古、契丹、女真，分属蒙古、突厥、通古斯三个语族。维吾尔族出自回鹘，是突厥语族的一支；蒙古族出自鲜卑系统的室韦，是蒙古语族的一支；满族出自女真，是通古斯语族的一支。他们与汉族也是通婚互市，不打不相识。

蒙古人和满人统治中国时期，中国版图最大，那时谁最想独立，肯定是汉族。但蒙古人也好，满人也好，都不让汉族独立。反过来，道理一样。

革命惯性之一："走向共和"等于"反清复明"。

中国的最后一个朝代是满族统治汉族的朝代，少数统治多数的朝代。吴三桂为什么失败？有人说，就是没打"反清复明"的旗号。

孙中山靠会党起家，会党志在反清复明，因而提倡"种族革命"。《苏报》案，邹容《革命军》的革命就是这种革命。我记得，章太炎在日本演说，慷慨激昂。他说他打小就知道明亡之耻。排满，南人比北人更激烈。同盟会的口号是"驱除鞑虏，恢复中华"。这一口号出自朱元璋《谕中原檄》，据说是宋濂起草，很符合"汉胡不两立"的思想传统。但满去则蒙离，蒙离则回、藏去，等于自动放弃四大边疆。这对模仿满蒙统治模式的日本来说，可谓正中下怀。

中国不等于汉区，但直到今天，很多西方人仍坚持认为，中国的版图只限内地十八省（他们叫China Proper），四大边疆应从中国分离，像奥斯曼帝国那样，干脆大卸八块。

1911年，孙中山倡五族共和，其《临时约法》宣告中国领土为二十二行省，不仅包括青海省和东三省，也包括内外蒙古、新疆和西藏。

北伐的口号是"打倒列强，打倒军阀"，"列强"代替"鞑虏"，"军阀"等于"列强"的帮凶，深入人心。虽然中国的军阀，无论新旧，都是人在屋檐下，不能不低头，但在内心深处，他们几乎都恨日本，也未必爱西方。[1]

十九、第一次内战（北伐战争）

1926—1928年，皖系衰落，剩下奉系和直系。日本支持奉系，英、美支持直系，只有苏联支持北伐。

革命惯性之二：军阀割据、南北对抗。

革命党人以南人居多。孙中山是广东人，在广州建黄埔军校。北伐军分八个军，广州誓师后，一路走东南，一路走中南，先后攻克长沙、武汉、南昌、九江、上海、南京，以东北易帜结束。中间有宁汉分裂和国共分裂。

1928年，蒋、桂战争。1930年，蒋、冯（冯玉祥）、阎（阎锡山）中原大战。蒋介石的德国军事顾问是乔治·魏采尔（Georg Wetzell）。此战也是以蒋介石的胜利而告终。

从表面上看，蒋介石的统一大业已经完成，但实际上，中国仍处于割据之中。

战后的国民党新军阀是：

（一）北方

奉系余脉（东北军）：<u>张学良</u>（陕西）。

---

[1] 如吴佩孚、张学良、阎锡山、杨虎城、盛世才都恨日本，蒋介石对德国的魏采尔、英国的丘吉尔和美国的史迪威都很有意见。

直系余脉（西北军）：冯玉祥（西北）、宋哲元（河北）、杨虎城（陕西）、韩复榘（山东）。

晋系（晋绥军）：阎锡山（山西）、傅作义（绥远）。

西北三马（马家军）：马步芳（青海）、马鸿逵（宁夏）、马鸿宾（甘肃）。

其他（与东北军有关）：盛世才（新疆）。

（二）南方

黄埔系（中央军）：蒋介石（主要在江、浙、鄂、豫、皖、赣六省）。

桂系（桂军）：李宗仁、白崇禧、黄绍竑（广西）。

粤系（粤军）：李济深、陈济棠、陈铭枢（广东）。

闽系（十九路军）：蒋光鼐、蔡廷锴（福建）。

湘系（湘军）：唐生智、程潜（湖南）。

川系（川军）：刘文辉、杨森、邓锡侯（四川）。

黔系（黔军）：王家烈（贵州）。

滇系（滇军）：龙云、卢汉（云南）。

1949年，蒋介石败走台湾，上述各位，只有画线者去了台湾，其他非降即叛。去了台湾的各位，没有地盘，没有军队，自然归顺。共产党帮他完成了中国统一。

中国统一还是由北方统一南方。

二十、第二次内战（土地革命战争）

北伐之后，国民党统治区主要在东南沿海和长江沿线，一是南京、上海、杭州，二是南昌、武汉、长沙。

革命惯性之三：依托共产国际、延续大革命的思路。

中国共产党把中央机关设在敌人心脏，1921—1933年在上海（1926—1927年，一度在武汉），现在觉得很奇怪，但搁当时，一定如此。中国共产党是共产国际的分支。共产国际是从国际大都市指挥中国革命。

当时，大革命的影响还深入人心。南昌起义也好，广州起义也好，从暴动地点到运作方式，所有想法都摆脱不了大革命的思路。

（一）三大革命根据地

共产党是傍着国民党发展。它在国民党的卧榻之侧，让蒋介石无法安眠。这一时期，红军根据地遍地开花，但主要在江西、安徽、湖北、湖南和福建。如：

1．中央苏区，红一方面军的发源地。
2．湘鄂西根据地，红二方面军的发源地。
3．鄂豫皖根据地，红四方面军的发源地。

当时，参加革命者多为南方人，跟抗战以来不一样。抗战以来的干部，所谓三八式老干部，很多都是北方人。

（二）三大红军主力

红军先后被编入三个方面军（有一、二、四方面军，没有三方面军）。

1．红一方面军（中央红军），下辖红一、红三和红五军团，并先后成立过红七、红八、红九、红十和红十五军团。后来的八路军115师和新四军源于此。

2．红二方面军，下辖红二和红六军团。后来的八路军120师源于此。

3．红四方面军，下辖红4军和红25军，后增红9、30、31和33军。[1] 后

---

[1] 长征结束后，1936年10月—1937年3月，红四方面军的红5、9、30军，两万多人，奉中革军委命令，准备执行宁夏战役计划，在河西走廊，遭马家军截击，全军覆没，只剩400多人生还。

来的八路军129师源于此。

1934年11月—1935年9月，徐海东、程子华率红25军从大别山出发，穿桐柏山、伏牛山，最先到陕北，与刘志丹、谢子长率领的红26、27军在陕西延川县永坪镇会师，时间在三大主力会师之前。

(三) 五次反"围剿"

第一次1930年至1931年，第二、第三次1931年，第四次1933年，第五次1933年至1934年。蒋介石的顾问是乔治·魏采尔（步步为营的堡垒战术）。红军顾问是苏联派来的李德（短促突击战术）。两边的顾问都是德国人。

二一、长征

长征是一次胜利大逃亡，死里逃生、因祸得福。它既摆脱了蒋介石的围追堵截，也摆脱了过去的革命思路。从此，革命从南方转到北方。

(一) 红一方面军（1934年10月—1935年10月）

1．突破四道封锁线（1934年10月10日—12月1日），主要在湖南和湖南与江西、广东、广西交界处。红军8.6万人从江西出发，原计划与二、六军团会师湘西，不利，湘江战役后，只剩3万人。毛泽东《七律·长征》的"五岭逶迤腾细浪"指这一段。五岭在上述四省交界处。

2．突破乌江（1935年1月2至6日）—攻占遵义（1935年1月7日）—遵义会议（1935年1月15日至17日）—四渡赤水1935年1月29日—4月4日，所经之处主要在贵州，以及贵州与云南、四川交界处。毛泽东《七律·长征》的"乌蒙磅礴走泥丸"指这一段。乌蒙山在上述三省交界处。毛泽东《忆秦娥·娄山关》、《十六字令·山》写于这一时期。

3．巧渡金沙江（1935年5月3日至9日）—强渡大渡河、飞夺泸定桥（1935年5月29日）—翻越夹金山、懋功会师（1935年6月12日）—过草地（1935年8月21—28日），穿整个四川，从今凉山彝族自治州，经今雅安市和阿坝藏族羌族自治州，贴四川盆地西侧，沿岷山山脉走。红军走的路是什么路？正是王明珂说的"汉藏之间"。毛泽东《七律·长征》的"金沙水拍云崖暖，大渡桥横铁锁寒。更喜岷山千里雪，三军过后尽开颜"就是描写这一段。金沙江是川、藏之间的界河，泸定桥在泸定县的大渡河上，过雪山是翻夹金山，夹金山属岷山山脉，在小金县，懋功是小金县的旧称，过草地在松潘、若儿盖之间。懋功会师是红一方面军与红四方面军会师。会师后，两军混编为左路军和右路军。1935年9月，张国焘率左路军南下，毛泽东组陕甘支队北上，前途未卜。9月22日，毛泽东在哈达铺，从国民党的报纸上得知，陕北有刘志丹的根据地。哈达铺在甘肃宕昌县。

4．腊子口战斗（1935年9月16、17日）—哈达铺休整（1935年9月18—23日）—翻越六盘山（1935年10月7日）—红一方面军到达吴起镇（1935年10月19日）—红一方面军与红15军团在甘泉地区会师（1935年11月初）—直罗镇战役（1935年11月）。腊子口在甘肃迭部县，吴起镇在陕西吴起县，直罗镇在陕西富县。

5．三大主力会师：红一方面军与红四方面军在会宁会师（1936年10月10日），红一方面军与红二方面军在静宁将台堡会师（1936年10月22日）。会宁县在甘肃，静宁县在会宁东（今属宁夏回族自治区）。

毛泽东《七律·红军不怕远征难》、《念奴娇·昆仑》和《清平乐·六盘山》写于1935年10月，大概都写于三军会师后。[1] 六盘山在甘肃、宁夏之间。

---

[1] 《昆仑》是西望昆仑，他并没到过昆仑山。

(二)红四方面军(1935年3月28日—1936年10月10日)

1932年12月,红四方面军撤离鄂豫皖苏区,建立川陕根据地。1935年3月28日—4月21日,取得嘉陵江战役胜利。5月初,红四方面军放弃川陕根据地,开始长征;6月12、18日,与红一方面军在懋功会师。8月,与红一方面军混编为左、右两路军;9月,张国焘命红四方面军和编入左路军的红一方面军两个军南下;11月13日—21日,南下红军与国民党军作战,伤亡惨重;1936年4月,撤至甘孜地区,部队从八万人降到四万人。1936年7月1日,红四方面军与红二方面军在甘孜会师,重新北上;10月10日,与红一方面军在会宁会师。

(三)红二方面军(1935年11月19日—1936年10月22日)

1935年11月19日,红二和红六军团的主力从贺龙的老家湖南桑植出发,经湖南、贵州、云南,从云南玉龙渡金沙江,翻玉龙雪山,从云南中甸(今香格里拉),北上四川。1936年7月1日,在四川甘孜与红四方面军主力会师。7月5日,与红32军组成红二方面军一同北上;10月22日,在甘肃静宁与红一方面军会师。

《毛主席诗词》,作者说是在马背上吟成。中国的诗多为日记体,走哪儿写哪儿,见什么写什么,即使抒情,也是一时兴起,很少为文造情,无病呻吟。

二二、东方不亮西方亮,黑了南方有北方

长征,蒋介石希望,红军和沿途的割据势力互相消耗,有助于他的统一大业。但天不该绝,红军转一大圈,先是从东到西,去《禹贡》梁州,后是从南到北,去《禹贡》雍州,离开的是现代的风水宝地,去的是古代

的风水宝地,终于脱离险境。

毛泽东说,"中国是一个大国——'东方不亮西方亮,黑了南方有北方',不愁没有回旋的余地"(《中国革命战争的战略问题》)。

三国时期,刘备为"帝室之胄",诸葛亮《隆中对》劝他模仿汉高祖,割据蜀汉,从蜀汉取天下,讲得很好。但付诸实践,他为什么失败了?史念海先生说,一是误用关羽,大意失荆州,不能东出三峡,从荆州北上襄阳、南阳、洛阳,夺天下,被吴国堵在里面,出不来;二是六出祁山,不能越秦岭,向秦川,东出崤函,夺天下,被魏国堵在里面,出不来。[1]

红军重获生机,关键是从四川去了陕北,又从陕北进了山西。

陕北是秦代的上郡。黄河两岸一带,汉代叫西河郡。

陕北进山西有六个黄河渡口。

1. 陕西府谷,对面是山西保德。这是山西人走西口的渡口。

2. 陕西佳县,对面是山西临县。1948年3月,三大战役前,毛泽东从陕西去山西,就是从佳县、吴堡之间渡河,从临县去五台,从五台去西柏坡。[2]

3. 陕西吴堡,对面是山西柳林和吕梁。

4. 陕西清涧,对面是山西石楼。1936年2月,红军东征山西,就是从清涧渡河。[3]

5. 陕西韩城,对面是山西万荣。1937年8月,八路军东渡黄河,就

---

[1] 史念海《论诸葛亮的攻守策略》,收入氏著《河山集》,北京:生活·读书·新知三联书店,1963年。
[2] 1948年3月23日,毛泽东从陕西去山西,本想从佳县渡河,后来为了避敌耳目,特意把渡口选在吴堡岔上乡川口村登舟,在临县碛口镇高家塔村上岸,经兴县、岢岚、五寨、神池、宁武、代县、五台、阜平,于5月1日到河北西柏坡。
[3] 1936年2月20日—5月5日,毛泽东率红军东征,从清涧辛关渡河到山西石楼。4月14日,刘志丹战死山西柳林,"出师未捷身先死,长使英雄泪满襟"(《蜀相》)。周恩来挽刘志丹:"上下五千年,英雄万万千,人民的英雄,要数刘志丹。"

是从韩城渡河，进入山西。[1]

6. 陕西大荔（蒲津关），对面是山西永济（蒲津渡）。

二三、抗日战争

利玛窦说，中国人很怕倭寇。日本人，陆军学德国，海军学英国，走在中国前面。中国近代学军事的，很多都负笈东瀛，如蒋百里、阎锡山、蒋介石。

1927年7月25日，田中义一《田中奏折》称："惟欲征服支那，必先征服满蒙。如欲征服世界，必先征服支那。"日本全面征服中国在十年后。

1931年9月18日，"九一八"事变。1932年1月28日，"一·二八"淞沪抗战。中国正式对日宣战是1941年，中间过了整整十年。蒋介石一味忍让，认为中国肯定打不过日本。东北丢就丢了吧，华北保不住也不用保。"安内攘外"，主要是安东南沿海。

1936年12月12日，西安事变。中国北方的军阀，感受不一样，张学良、杨虎城的最初考虑是联阎（阎锡山）、联共（共产党）、联俄（苏联），在陕西、山西成立抗日的北方联合政府，这跟共产党的想法正好撞在了一块儿。

1937年7月7日，卢沟桥事变；8月13日，"八一三"淞沪抗战。当时，蒋介石押宝于国际干涉，英美无动于衷。宋美龄游说美国，洒泪而还。1937—1941年，除了苏联，没有一个强国施以援手。

---

[1] 1937年8—10月，八路军是由陕西韩城芝川镇渡河到山西荣河庙前村，进入山西。万荣西岸，自北而南有三个渡口：汾阴度、西头渡、庙前渡。

有一个例外，大家想不到，德国曾援助中国抗战。[1]

蒋介石有五个德国顾问，最后一位是亚历山大·法肯豪森（Alexander von Falkenhausen）将军。此人当过驻日武官，对日本了如指掌。1935年8月20日，他在《关于应付时局对策之建议书》中曾提出忠告，中国政府"断无不抵抗而即承认敌方要求，沉默接受。鄙意民气即是千百万抵抗，故不容轻视。苟领袖无此种意志，则人民亦不肯出而抵抗"。他考察过中国的海防江防，参加过台儿庄会战和淞沪会战，对中国抗战有全面部署。北方，务必先保沧州、保定一线，次保黄河、陇海一线。北方守不住，可决黄河阻敌。南方，封锁长江，退守南昌、武汉、长沙，最后撤到重庆。

日本灭亡中国路线图：先取东北、华北，然后沿海路和津浦、平汉二线，分三路南下。

蒋介石想隔江而治，不可能，结果是东西对峙。日本占了中国东部的半壁江山，潼关以西未能入，四川未能入。

（一）正面战场

淞沪抗战（1937年8月13日—11月12日）、南京保卫战（1937年12月1日—1937年12月13日）、徐州会战（1938年1月至5月，包括台儿庄战役）、花园口决口（1938年6月9日）、武汉会战（1938年6月11日—1938年10月25日）、长沙会战（1939年9月—1942年1月）、昆仑关战役（1939年12月18日—1940年1月11日）、上高会战（锦江会战，1941年3月14日—4月9日）、中条山会战（1941年5—6月）、滇缅会战（1941年12月—1942年1月）、湘西会战（1945年4—6月）。

---

[1] 德国帮助中国抗战，可以拖住日本，吸引日本北上，从东面包抄苏联。1939年的诺门罕战役粉碎了日本北上派的选择。1941年，《苏日中立条约》签订，使苏联免于分兵作战，专注于西线。日本终于南下，发动太平洋战争。

（二）敌后战场

1937年8—10月，八路军由陕西韩城渡河到山西万荣，以山西为中心，开辟三大根据地：晋察冀根据地（115师，以五台山为中心）、晋绥根据地（120师，以管涔山为中心）和晋冀鲁豫根据地（129师，以太行山、太岳山为中心）。

阎锡山躲在吉县克难坡（以吕梁山为中心）。八路军总部先后设于五台、武乡、左权、沁源。平型关大捷（1937年9月25日）、百团大战（1940年8月20日至12月15日）。

1939年，日军败于诺门罕战役，放弃北上。

1941年12月7日，珍珠港事件；12月8日，美国对日宣战；12月9日，中国对日宣战。滇缅会战在此之后。在此之前，国军发动的会战，除少数几仗，几乎都是败仗，非常惨烈。

1945年8月15日，日本投降。

开罗会议时的蒋介石（《伦敦新闻画刊》素描）

二四、第三次内战（解放战争）

这场战争是千军万马大会战，但同时也是蒋介石和毛泽东这两位战略决策者之间的大博弈。蒋的方针是"由点来控制线，由线来控制面"，点是城市，线是铁路，基本上是鬼子扫荡的办法。毛的方针是"集中优势兵力，消灭敌有生力量"，其战略切割和包围是围绕这个目标，不斤斤于一城一地之得失。[1]

---

[1] 金冲及《毛泽东、蒋介石是如何看待三大战役的》，北京：北京大学出版社，2012年，2—23页。

(一) 三大战役前

1945年8月8日，苏联对日宣战；8月19日，关东军投降；8月28日，八路军挺进东北；10月31日，东北人民自治军（后改名东北民主联军，为四野的前身）成立；10月8日，长治解放，晋东南解放[1]；9月24日，邢台解放；11月2日，邯郸解放。长治在黎城南，左太岳，右太行，守着太原到晋城和黎城到邯郸的要道（滏口陉）。邯郸、邢台卡在平汉线上。这是西伯戡黎故事的重演。

1946年4月28日，哈尔滨解放；6月，中原突围。1946年12月—1947年4月，三下江南、四保临江战役。

1947年3月18日，中共中央撤离延安；5月13—15日，孟良崮战役，围歼国民党74军，击毙张灵甫；8月，刘邓大军强渡黄河，挺进大别山；11月12日，石家庄解放，切断平汉路和石太线；12月28日，运城解放。

1948年4月5日，洛阳解放；4月21日，收复延安；5月17日，临汾解放；6月22日，开封解放；6—7月，晋中战役，太原以南全部解放。

(二) 三大战役

1. 辽沈战役（1948年9月12日—11月2日），[2] 参战部队：东北野战军。1948年10月15日，锦州解放；10月21日，长春解放；11月2日，沈阳解放，东北全境解放。这段时间里，9月24日，济南解放，山东除青岛等零星地点，大部分解放[3]；10月22日，郑州解放，河南大部分地区解放（除商丘地区）。辽沈战役后，11月23—25日，东北野战军挥师入关，包围北平、天津、唐山、张家口。

---

[1] 山西全境，晋东南解放最早（1945年），晋西南其次（1948年），太原、晋北最晚（1949年）。晋东南解放，晋城最早（1945年4月），高平其次（1945年6月），不仅在长治解放前，而且在日本投降前。
[2] 国民党叫辽西会战。
[3] 青岛是1949年6月2日解放。

2.平津战役（1948年11月29日—1949年1月31日），[1] 参战部队：东北野战军和华北野战军。1948年12月12日，唐山解放；12月24日，张家口解放。1949年1月15日，天津解放；1月31日，北平解放，河北全境解放。

3.淮海战役（1948年11月6日—1949年1月10日），[2] 参战部队：华东野战军和中原野战军。1948年12月1日，徐州解放，徐州周围，商丘地区、枣庄地区、连云港地区和淮河以北相继解放。淮海战役后，1949年1月21日，合肥解放。

1948年11月，解放军整编，华北野战军，自成一部，不立番号（前身是八路军129师和115师一部）；西北野战军，编为第一野战军（前身是八路军120师）；中原野战军，编为第二野战军（前身是八路军129师）；华东野战军，编为第三野战军（前身是新四军）；东北野战军，编为第四野战军（前身是八路军115师和新四军一部）。

(三)三大战役后

1949年4月21日，渡江战役。渡江战役后，解放军兵分五路，解放全中国：

1.华北军区部队负责解放晋绥（山西北部和内蒙古归绥、包头一带）：4月24日，太原解放；5月1日，大同解放；9月19日，归绥（呼和浩特）、包头解放。

2.一野负责解放西北：5月20日，西安解放；8月26日，兰州解放；9月5日，西宁解放；9月23日，银川解放；9月25日，新疆和平解放。

3.三野负责解放华东：4月23日，南京解放；5月3日，杭州解放；5月25日，宁波解放；5月27日，上海解放；8月17日，福州解放；10月18日，厦门解放。

---

[1] 国民党叫平津会战。
[2] 国民党叫徐蚌会战。

4. 二野、四野负责解放中南：5月7日，九江解放；5月17日，武汉解放；5月22日，南昌解放；8月4日，长沙解放；10月14日，广州解放。

5. 二野、四野负责解放西南：11月14日，贵阳解放；11月30日，重庆解放；12月4日，南宁解放；12月9日，昆明解放；12月27日，成都解放。

（四）尾声

1950年5月1日，海南岛解放；5月19日，舟山群岛解放；10月19日，昌都解放。

1951年5月23日，西藏和平解放。

1955年1月19日，一江山岛解放。

二五、茫茫九派流中国，沉沉一线穿南北

中国革命是年轻人的革命，小的十几、二十岁，大点儿三四十岁，短短28年间，身经百战，现在难以想象。

毛泽东《菩萨蛮·黄鹤楼》："茫茫九派流中国，沉沉一线穿南北。烟雨莽苍苍，龟蛇锁大江。"这是写1927年春的武汉，"四一二""七一五"之前的武汉，意境苍凉。作者自注说，当时的他，情绪低落，不知如何是好。1927年，他才34岁。他根本想不到，22年后，中国会地覆天翻。

武昌是两湖新政的中心和武昌首义的地方。当时，毛泽东住在长江东岸离今武汉长江大桥不远的湖北农民运动讲习所，南有黄埔军校武汉分校（武汉中央政治军事学校，设在张之洞的两湖书院内）。黄鹤楼就在附近，1884年就毁了，不仅"昔人已乘黄鹤去"，就连"此地空余"的黄鹤楼都没了，光剩遗址，供人凭吊。轰轰烈烈的大革命，给他留下的是这么一个印象。

"茫茫九派流中国"，这是长江。"沉沉一线穿南北"，这是铁路。今

京广线,过去分两截,北平到汉口叫平汉路,武昌到广州叫粤汉路。1927年,平汉路早就修好(1905年修黄河大铁桥,第二年通车),但粤汉路还不通,只能从武昌坐到长沙,汉口、武昌间还横着长江天堑,没有铁路桥。武汉长江大桥建成于1957年。有了这座桥,才有京广线。

历史上的大十字,渭水、南河一线是横线,大同、荆州一线是纵线。现代的大十字,长江是横线,京广线是纵线,重心已经偏离,向东移,向南移。

中国南北交通的大干线,除了京广线,还有京沪线。京沪线早先分两截,平津路(北平到天津)和津浦路(天津到南京浦口)是一截,沪宁路(南京到上海)是一截。蒋介石的地盘主要在华东,政治中心是南京,经济中心是上海。上海南面有杭州。淞沪抗战失利,就是被日本人从钱塘湾登陆,抄了后路。上海到宁波有沪杭甬线,可通蒋介石的老家奉化。蒋介石最最看重,主要是长三角。

这条大干线,一傍京杭大运河,二靠海岸线,对蒋介石来说,比连接北平、武汉和广州的大干线更重要。但南京的浦口、下关之间,原先没有铁路桥。南京长江大桥是1968年才建成。

北伐也好,抗战也好,这两大干线最重要。上海、南京、南昌、武汉都在长江上,对外国人最重要,对蒋介石最重要。

二六、国民党栽在接收上

1926—1927年,共产党是傍着国民党发展,国民党的核心地区在江浙,共产党的根据地在湘鄂赣,卧榻之侧,岂容他人酣睡?

1927—1936年,国民党围追堵截,把共产党从湘鄂赣撵到云贵川,再撵到陕甘宁,共产党是因祸得福。

1937—1945年,日本从华北南下,把蒋介石赶到云贵川。日本占中国东半，国民党在中国西南，共产党在中国西北。

1945年，日本投降后，鹿死谁手，关键在战后接收。中国的接收是以世界的接收为背景，这是"冷战"的序幕。张恨水的《五子登科》就是讲接收。国难之后，很多人发国难财，国民党成了发财党。

战后，两党争天下，美国调停国共，希望在中国搞两党制，但条件是共产党缴枪，加入国民党领导的联合政府。当时，美苏争霸，制约全局，前途未卜。作为底线，毛泽东也不是没有考虑过法国共产党的道路，但形势比人强，美国支持国民党，中共的选择只能一边倒，倒向苏联。

共产党在北方接收，有地利之便。八路军从四川进陕甘宁，从陕甘宁进山西，以山西为中心，向河北、察哈尔、山东、河南、东北扩军，这是古代王者取天下的路线图。

周取天下、秦取天下、汉取天下，莫不如此。

二七、风水轮流转

总结一下，共产党取天下，大体上是从西到东，从北到南。

(一) 解放东北、华北

1. 立足陕甘宁根据地。
2. 东进山西，以山西为中心，向河北、河南、山东、江苏和察哈尔发展。
3. 挺进东北，解放晋东南。
4. 辽沈战役，解放东北。同时，以八路军的晋冀鲁豫根据地为基础，解放晋西南、河北南部、河南西部和山东之大部。
5. 平津战役，以八路军的晋察冀根据地为基础，解放河北北部。

6. 淮海战役，以新四军的淮北根据地为基础，解放江苏北部、安徽北部和河南东部。

(二) 解放晋绥、西北
1. 以八路军的晋绥根据地为基础，解放山西北部和内蒙古。
2. 以陕甘宁根据地为出发点，解放陕西、甘肃、宁夏、青海、新疆。

(三) 解放华东、中南、西南
1. 解放江苏南部、安徽南部和浙江、福建。
2. 解放湖北、湖南、江西、广东、海南岛。
3. 解放贵州、广西、云南、四川、西康、西藏。

1949年1月31日，解放军占领北京；4月23日，解放军占领南京。

占领南京后，毛泽东写下《七律·人民解放军占领南京》，说"虎踞龙盘今胜昔，天翻地覆慨而慷"，与他的《菩萨蛮·黄鹤楼》形成强烈对比。

这样的结果，当初想不到。

解放战争重复了日本占领中国的路线：东北—华北—华南，蒋介石再次退守西南，希望从西南打回老家，像抗战中一样。但这回不一样，他被彻底赶出中国大陆。

新中国为什么把首都定在北京，关键是华北背后有东北，东北背后有苏联，苏联对美国有威慑力。共产党是依托北方，从北方统一中国。

二八、历史再次应了司马迁的话

中国革命是一场南北战争。革命从南方到北方，又从北方到南方，转了一大圈儿。

1949年12月9日，刘文辉、卢汉起义。国民党在西南也守不住了。12月10日，蒋介石离开成都，从飞机上往下瞧，万水千山，不胜依依，别有一番滋味在心头。

蒋介石去台湾，大陆说要打台湾。蒋介石怕台湾守不住，曾考虑流亡菲律宾或日本（日本有他的很多战犯朋友），宋美龄劝他上美国或瑞士，他觉得丢不起这个人。朝思暮想，还是踩着东南沿海的小岛，有一天打回老家去。

国民党迁台，不是一两个人流亡，而是军警宪特一大批，连同他们的眷属，约200万人出逃，除了台湾，没一个地方可以收留这么多人。

抗战中，蒋介石不听话，丘吉尔和罗斯福就想干掉他。现在大势已去，失了人心，丢了江山，美英等国不可能支持他。宋美龄求杜鲁门，被拒绝；求马歇尔，也被拒绝。现有档案材料为证，美国中情局策划的孙立人兵变，原定动手时间是1950年6月底。6月25日朝鲜战争爆发，他才绝处逢生，前后只差三五天。

现在，蒋介石仍端坐在台北的中正堂里，面朝北方，脚下刻着他的遗嘱，念念不忘反攻大陆，但他再也没有踏上大陆的一寸土地。

司马迁说"夫作事者必于东南，收功实者常于西北。故禹兴于西羌，汤起于亳，周之王也以丰、镐伐殷，秦之帝用雍州兴，汉之兴自蜀汉"（《史记·六国年表》）。辛亥之后，山河破碎，中国的再统一，竟然还是从北方统一南方，再次应了司马迁的话。

常任侠先生有诗，"东南王气沉幽冢，西北浮云隐玉关"。

徐悲鸿先生有诗，"山河百战归民主，铲尽崎岖大道平"。

2014年4月23日写于北京蓝旗营寓所